基于视频云服务的
教师研修环境构建及应用研究

代毅 著

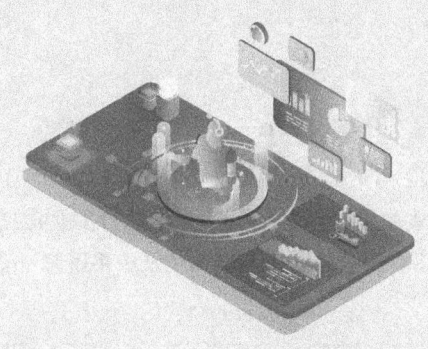

·广州·

图书在版编目（CIP）数据

基于视频云服务的教师研修环境构建及应用研究/代毅著. —广州：华南理工大学出版社，2020.9
ISBN 978－7－5623－6033－9

Ⅰ.①基… Ⅱ.①代… Ⅲ.①视频系统－应用－师资培养－研究 Ⅳ.①G451.2-39

中国版本图书馆 CIP 数据核字（2019）第 125251 号

JIYU SHIPINYUN FUWU DE JIAOSHI YANXIU HUANJING GOUJIAN JI YINGYONG YANJIU
基于视频云服务的教师研修环境构建及应用研究
代 毅 著

出 版 人：卢家明
出版发行：华南理工大学出版社
（广州五山华南理工大学17号楼，邮编510640）
http://www.scutpress.com.cn E-mail:scutc13@scut.edu.cn
营销部电话：020-87113487 87111048（传真）
责任编辑：卜穗珍
责任校对：梁樱雯
印 刷 者：广东虎彩云印刷有限公司
开　　本：787mm×1092mm 1/16 印张：11.5 字数：201千
版　　次：2020年9月第1版 2020年9月第1次印刷
定　　价：48.00元

版权所有 盗版必究 印装差错 负责调换

前言

　　如何有效提升教师队伍的整体素质和教育教学能力是教育领域永恒的研究主题。研修则是提高教师素质、保障教育教学质量和推动教学创新的一种重要手段。网络研修打破了时间和空间的限制，逐渐成为主流的教师研修模式。然而，网络研修面临缺乏有效的支撑环境、线上学习与线下实践相脱节、学习过程缺乏有效监管等弊端。云计算、大数据和移动互联网等新一代信息技术的发展及其在教育中的应用为推动"研培用"一体化研修环境的发展带来了新的机遇。视频云服务在网络研修中正扮演越来越重要的角色，从仅仅作为培训内容的信息载体，逐渐发展成一种交互方式。不论是信息的传递，还是同伴间的交流，在"交互"中可以实现知识的发生、共享和聚合。因此，构建基于视频云服务的研修环境，探索面向教师群组知识共享的新模式，具有重要的理论意义和应用价值。

　　本书以大规模配置录播设备的云教室为教学实践场景，创设泛在的教师专业化发展支撑环境，实现虚拟空间与现实空间的集成与整合，以实时性、互动性和真实性强化情境体验。以云平台汇聚资源与服务，以视频交互为主要支撑的网络研修环境，称为视频云研修环境。新环境的构建需要集成新技术，应用模式的构建更离不开研修理论的指导和深化，尤其需要大规模的实证研究验证环境的有效性。围绕新环境应用于网络研修带来的新问题和新需求，本书从教师专业发展领域出发，实现了基于真实教学实践的大规模、远距离、密切互动式教师间协作学习，重点关注以教师实践性知识提升为目标的知识共享，对教师研修环境及其应用开展研究。

　　为了满足"大规模、跨时空、多层次"的教师间交互需求，本书对教育视频点播系统视频格式转换、内容分发网络（CDN）和对等网络（P2P）融合的大规模流媒体直播交互、面向复杂应用场景的实时视频流接入等技术进行了研究和开发。在进一步分析当前研修环境的现状、充分调查教师需求的基础上，开发了基于视频云服务的教师网络研修环境。该环境充分结合虚拟学习环境和教学实践环境的优势，支持"研培用"一体化教师专业发展。

基于知识共享的SECI（socialization，externalization，combination，internalization）模型理论，本书构建了视频云研修环境支持下的知识共享（CV – SECI）研修模式。该模式由环境层、交互层和共享层构成，充分发挥了视频云服务环境的优势，促进群组由松散型向紧密型转化，从而建立高信任度群组。实现了由传统的"组内交互"向"组内与组间"交互的机制转变，突破了传统SECI模型受限于群组知识流转的"组间交互"及远距离应用障碍，提高了知识共享的效益。

本研究成果已应用于珠海市网络研修环境建设，并在"珠海市中小学教师信息技术应用能力提升工程"中开展实证研究。研究结果表明，视频云研修环境解决了线上虚拟环境和线下实践环境割裂、学习过程缺乏有效管控及生成性资源开发与利用效率不高等问题，推动了教师培训迁移和培训评价实践工作的开展。在教育部"中小学教师信息技术应用能力提升工程"所提出的五个维度的能力中，提升最为明显的是技术素养、组织与管理、学习与发展的能力。

从2012年开始，广东省教育厅启动"粤教云"计划，我的博士生导师华南师范大学许骏教授作为该项目的专家组召集人，带领着我在珠海市开展了一系列具有创新意义的项目建设。经过6年的努力，珠海已建成了几乎覆盖全市中小学的"粤教云"课堂以开展试验工作，其中有位于中心城区的学校，也有位于相对偏远落后的西部地区甚至海岛的学校。在项目推进中，我始终相信，技术只是支撑，教师永远是主角。为此，依托"粤教云"试点工作，我牵头组织了面向教师专业发展的师资培训，以探索常态化培训的模式。在推进教师信息技术应用能力的培训中，我紧紧扣住教育信息化两个根本内涵，即教育方式的信息化和学习方式的信息化。本书的主要研究内容就是在近几年来的培训经验中产生的。我整理了近几年来编写的培训资料和案例，历时近6年。在写作过程中遇到了无数的困难和障碍，都在导师和同事的帮助下克服了。

本研究的主要内容完成于我攻读博士期间。得名师而从之，实乃吾生之幸事。感谢我的导师许骏教授，对我进行了无私的指导和帮助。大师之所以为大师者，不仅在于学问，而且贵在品格。导师对我的论文进行悉心审阅、逐字斧正，倾注了大量的心血。

  本书出版于我在北京师范大学教育学部从事博士后研究工作期间，我的合作导师刘臻教授对我进行了细心的指导和帮助。

  尽管在研究过程中每一位参与研究者都付出了最大的努力，但由于本人能力和学识等方面的不足，书中难免存在一些问题，敬请读者批评和指正。

作 者

2020 年 6 月

目录

第1章 绪论 1

1.1 研究背景 1
1.1.1 面向教师研修的技术支撑环境现状 1
1.1.2 视频云技术应用推进了教师研修环境与研修方式的变革 5
1.1.3 广东省"粤教云"计划推动了教师研修的探索 6

1.2 研究的问题 7
1.2.1 存在的问题 7
1.2.2 拟解决的问题 9

1.3 研究的意义 10
1.3.1 理论意义 10
1.3.2 实践意义 11

1.4 内容组织结构 11

1.5 研究的方法 13
1.5.1 教育设计研究法 13
1.5.2 案例研究法 14
1.5.3 模型建构法 14
1.5.4 统计分析法 14
1.5.5 质性分析法 14

1.6 相关概念界定 15
1.6.1 视频云 15
1.6.2 知识共享 15
1.6.3 网络研修 16
1.6.4 研培用 17
1.6.5 研修环境 18

目录

第 2 章 国内外研究现状 19

2.1 教师网络研修概述现状 19
2.2 知识共享模型研究现状 22
    2.2.1 SECI 模型及其衍变发展 23
    2.2.2 SECI 模型在教师教育领域的应用 29
2.3 教师网络研修支撑环境研究现状 31
    2.3.1 网络研修平台 31
    2.3.2 云教室的应用 33

第 3 章 理论基础 36

3.1 群体动力学理论 36
    3.1.1 基本思想 36
    3.1.2 群体动力学理论对本研究的启示 38
3.2 社会建构主义理论 39
    3.2.1 基本思想 39
    3.2.2 社会建构主义理论对本研究的启示 40
3.3 体验式培训理论 41
    3.3.1 基本思想 41
    3.3.2 体验式培训理论对本研究的启示 43
3.4 CSCL 理论 43
    3.4.1 基本思想 43
    3.4.2 CSCL 理论对本研究的启示 45

第 4 章 研修环境设计及关键技术 46

4.1 视频云研修环境设计的基础 47

目录

  4.1.1 现实需求 47
  4.1.2 研修平台的构成要素分析 49
 4.2 **视频云研修环境设计** 51
  4.2.1 环境架构 51
  4.2.2 环境功能框架 54
  4.2.3 环境开发的迭代过程 58
  4.2.4 环境技术要点 59
 4.3 **关键技术研究和开发** 60
  4.3.1 大规模流媒体直播交互技术 61
  4.3.2 教育视频点播系统视频格式转换技术 66
  4.3.3 面向复杂应用场景的实时视频流接入技术 77

第5章 教师知识共享研修模式构建 82

 5.1 **网络研修环境中的知识共享** 82
  5.1.1 网络研修环境中教师知识共享的内涵 82
  5.1.2 网络研修环境中知识共享的影响因素 86
  5.1.3 视频云促进教师知识共享的作用 88
 5.2 **教师知识共享研修模式** 89
  5.2.1 环境层 91
  5.2.2 交互层 94
  5.2.3 共享层 97
 5.3 **视频云研修环境中的群组** 103
  5.3.1 知识共享中的群组 104
  5.3.2 高信任关系的群组构建 107
 5.4 **视频云研修环境中的交互** 112

目录

  5.4.1　知识共享中的交互　113
  5.4.2　交互特质　117
  5.4.3　交互模式　124

第6章　应用及效果检验　127

 6.1　典型应用案例　127
  6.1.1　基于名师直播课堂的教师研修　128
  6.1.2　基于同课异构的教师研修　129
 6.2　应用效果检验　131
  6.2.1　检验应用效果的实验设计　131
  6.2.2　数据处理与结果　137
  6.2.3　结果与讨论　155
  6.2.4　结论　158

第7章　研究结论及后续研究　160

 7.1　研究结论　160
 7.2　主要创新　162
 7.3　后续研究展望　163

附录　164

图索引

图 1-1 面向教师研修的网络技术发展历程

图 1-2 教师培训视频服务的演变与变迁

图 1-3 内容组织结构

图 2-1 SECI 知识共享模型

图 3-1 群体系统的动力因素互动图

图 4-1 中小学教师研修环境需求调查反馈

图 4-2 视频云教师网络研修环境架构图

图 4-3 视频云研修环境功能框架

图 4-4 底层功能

图 4-5 应用功能

图 4-6 系统分层架构图

图 4-7 视频云研修环境的网络流程图

图 4-8 珠海市视频云研修环境网络部署规划图

图 4-9 大规模流媒体边缘服务器原理

图 4-10 融合 CDN 与 P2P 的大规模流媒体直播网络体系结构

图 4-11 FFmpeg 格式转换命令

图 4-12 FFmpeg 提取图片命令

图 4-13 MEncoder 格式转换命令

图 4-14 视频格式转换模块工作流程图

图 4-15 利用 Adobe Flash Media Live Encoder 进行 RTMP 推流

图 5-1 视频云研修环境知识共享的内涵

图 5-2 CV-SECI 研修模式

图 5-3 基于视频云研修环境的组间交互

图 5-4 基于 SECI 内核的教师研修活动设计

图 5-5 视频云研修环境中的群组类型

图 5-6 视频云研修环境对群组社会感知的支撑

图 5-7 基于信任的可视化交互

图 5-8　视频协同标注

图 5-9　白板协同操作

图 5-10　远程教育中教学交互层级塔

图 5-11　社会性交互与内容性交互的关系

图 5-12　群组与知识交互的层次

图 5-13　视频云支持的社会性交互与内容性交互

图 5-14　视频云研修环境支持的社会性交互

图 5-15　教学展示评估

图 5-16　知识二级交互模式

图 5-17　视频云研修环境支撑机制

图 6-1　基于名师直播课堂的教师研修

图 6-2　基于同课异构的教师研修

图 6-3　SRRBA 评估模型

图 6-4　视频云研修评价

表索引

表 2-1　平台功能比较

表 3-1　体验式学习方式与传统学习方式的差异

表 4-1　网络研修平台发展脉络

表 4-2　FFmpeg 常用选项

表 4-3　MEncoder 常用选项

表 4-4　FFmpeg 与 MEncoder 转换效率比较

表 4-5　视频格式集合分类

表 4-6　视频文件样本情况

表 4-7　各种软件（方式）转换效果

表 5-1　视频云研修环境与传统网络研修环境在知识共享上的差异

表 5-2　群组组间交互类型对比

表 5-3　群组交互对于知识建构的影响分析

表 6-1　实验组与对照组研修环境比较

表 6-2　常见的评估模型

表 6-3　教师分布情况

表 6-4　受访对象基本信息

表 6-5　研修过程变量描述性统计

表 6-6　6 个检验变量的均值分析结果

表 6-7　教师信息技术应用能力描述性统计（前测）

表 6-8　信息技术应用能力各维度及总体的均值分析结果（前测）

表 6-9　教师信息技术应用能力描述性统计（后测）

表 6-10　信息技术应用能力各维度及总体的均值分析结果（后测）

表 6-11　教师信息技术应用能力描述性统计

表 6-12　信息技术应用能力各维度及总体的均值配对分析结果

表 6-13　教师信息技术应用能力评价

表 6-14　社交性帖子的基本情况

第 1 章

绪论

1.1 研究背景

1.1.1 面向教师研修的技术支撑环境现状

人类社会已进入信息化时代,信息技术的快速发展及广泛应用,不仅影响着人们的工作和生活方式,也改变着人类学习的方式。信息技术支撑环境的发展为教师研修提供有力的技术支持,教师在专业发展中越来越多地受到信息技术的影响。20 世纪末以来,计算机网络、视频技术逐步应用于教师研修领域,打破了传统分级分区施训的固有教师培训格局和模式。教师利用多主体、跨时空、低成本和高效率的网络学习空间进行网上研修活动,是教师专业研修的新方式,实现了优质教育资源的大范围共享,有力推动了我国教师队伍整体素质的提高。

2004 年教育部首次颁布了《中小学教师教育技术能力标准(试行)》(简称《标准》),将教师的教育技术能力纳入科学的测评和指导体系。《标准》强调教师应具备现代教育意识,通过不断提升教育技术能力,推动自身专业发展。2013 年教育部开始实施大规模的教师信息技术应用能力提升计划,在其发布的《关于实施全国中小学教师信息技术应用能力提升工程的意见》中明确将"完成 1000 多万中小学(含幼儿园)教师的新一轮培训"作为未来三年工作的重要内容。由此,我国中小学教师培训迎来新的发展时期。2014 年,《中小学教师信息技术应用能力标准(试行)》出台,信息技术能力作为信息时代教师的必备能力被高度重视,对如何开展研修(以主题式研修为主,网络研修与校本研修相结合),以及研修需要达到的目标(提升中小学教师信息技术应用能力以及促进信息技术与教育教学的深入融合)做了严格规定和要求。

沿着网络技术发展轨迹来看，我国教师研修环境的发展具有代际特色，从第一代的 Web1.0 技术发展到第二代的 Web2.0 技术，再发展到第三代以 Web2.0 + 工具为特征的技术环境，如图 1 - 1 所示。

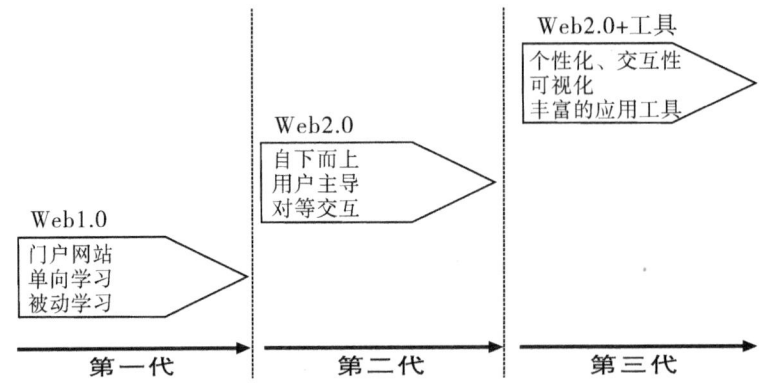

图 1 - 1 面向教师研修的网络技术发展历程

第一代教师网络研修环境依赖 Web1.0（阅读式互联网）技术以及硬件视频会议系统技术。门户网站是 Web1.0 的典型代表，其内容来源于网站内部专业编辑或定制。Web1.0 作为研修平台在教师培训领域的应用，为学习者提供的仅是经过培训专家精心设计和整合后的内容，教师没有太多选择培训视频及相关信息的自主权，学习只是从网站到教师的单向行为。随后教师网络研修环境因诸如电子邮件、论坛、BBS、聊天室等新技术的应用开始表现出一定的交互性，但视频观摩仍为主要活动，交互仅限于答疑解惑，扮演辅助角色。

第一代教师网络研修环境突破时间和空间的限制，允许教师同步或者异步地在不同地理位置进行学习，解决了教师对信息搜索、聚合的需求，但也存在交互性弱、教师参与程度低的问题，没有解决人与人之间沟通、互动和参与的需求。因此，为了满足广大教师的研修需求，对于二代网络的开发已迫在眉睫。

第二代教师网络研修环境基于 Web2.0 技术。与 Web1.0 只允许用户通过浏览器被动接受信息不同，Web2.0 更注重用户的交互作用，用户既是网站内容的浏览者，也是网站内容的制造者，去中心化、开放共享是其显著特征。信息资源由过去"由上而下"的由小部分人控制的体系，转变为"由下而上"的由广大用户集体智慧和力量主导的新体系[①]。其相关的技术主要有博客（BLOG）、RSS、

---

① 王金燕. 推荐系统中标签推荐的研究 [D]. 南京：东南大学，2012.

百科全书（Wiki）、网摘、社会网络（SNS）、即时信息（IM）等。

较之第一代，第二代教师网络研修环境的最大改变是，Web2.0不再是单维的，逐渐发展为双向交流。Web1.0主要依赖于HTML语言，最大的缺陷是交互性差，用户每提交一次数据，都要停下来等待互联网的响应，在网站响应之前，用户只能看到一个空白网页，这一缺陷在Web2.0出现后才得以解决。然而Web2.0还是没有解决信息过量、重复、浪费，知识高度垄断和使用率低等问题。

第三代教师网络研修环境仍然以Web2.0技术为支撑，但是诸如云计算、流媒体等技术开始应用于教师研修环境设计。第三代教师网络研修环境致力于为教师提供个性化和交互性的研修氛围，越来越丰富的应用工具被应用于教师研修。例如，资源发布工具（支持文本、图片、音频、视频、动画等的编辑、上传）、交互工具（群组交互工具如视频聊天室，一对一交互工具如QQ、微信等）、调查工具（问卷系统、投票系统等）、共同创作工具（文档协同编辑等）、社区工具（个人网络学习空间等）、资源库（资源管理、笔记管理等），这类工具可视化程度高、操作便捷，易于学习者操作。

第三代教师网络研修环境实现了网络高度虚拟化，给予教师更大的自由空间，更能体现教师研修的自我需求，体现了高度的个性化、互动性和更加深入全面的软件应用。第三代教师网络研修环境为使用者提供了更多的阅读渠道，内容也比之前的Web1.0和Web2.0丰富。

这是一个更具个性化特点的网络研修环境。一方面，它能够为教师提供个性化用户体验、个性化配置；另一方面，它处处为用户着想，将用户的喜好作为软件开发的主要动因。在网络搜索方面，引入个人信息偏好处理系统和个性化搜索引擎，对个体用户进行特征分析，同时也对整个互联网的搜索习惯进行整理、归类，最终得出更适应用户需求的搜索平台，实现了快捷、准确、高效的搜索，用户可以在极短时间内找到自己需要的信息资料，节省时间和精力。

纵观网络研修环境技术发展历程，不难发现视频服务自始至终与研修环境相伴相生，视频服务作为资源和交互工具在教师培训中扮演着重要角色。视频可为研修活动提供完整的情境；视频能够捕捉课堂互动的复杂细节，再现课堂教学，为教师教学和研究提供真实的情境；视频能记录、存储教学活动数据，有助于教师多角度分析教学过程，通过比较视频资源所反映的教师行为与标准规范的差

3

异,增加教学讨论的机会①。

视频会议是视频作为交互工具最直接的应用。研究表明,具有视频交互功能的视频会议是在线教育中最受欢迎的工具②。基于视频会议的教研最接近传统教研模式,教师借助视频会议室不仅可以了解课堂情况,而且可以与课堂中的师生进行实时交流互动。将视频会议应用于教师教育中,可为师生间的共享提供机会,实现不受时空限制的交互③,缓解教师参与教研活动的工学矛盾。

视频作为教师培训资源和交互媒介,经历了从教育影视视频资源到网络视频课程资源,再到微视频课程资源,至今发展到视频云交互的过程,如图1-2所示。20世纪50年代,视频技术处于起步阶段,应用于教育的视频以电影和电视为主,这类视频以呈现资源为主要目的,基本没有交互。到了90年代,随着网络技术的广泛应用,网络视频课程及网络化学习开始风靡全球,引发了远程教育的深刻变革。这类视频课程的交互功能仍然非常薄弱,而且受到带宽的限制,基于视频的远程教学难以大规模开展。2010年左右,随着智能硬件和移动互联网的发展以及人

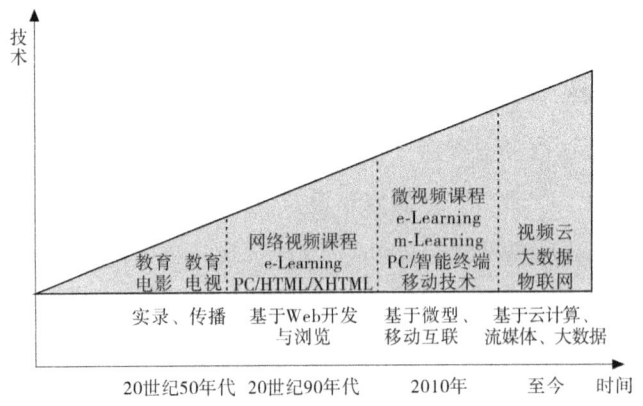

图1-2 教师培训视频服务的演变与变迁

---

① Hollingsworth Hilary. Learning about teaching and teaching about learning: Using video data for research and professional development [J]. 2005 - Using data to support learning, 2005: 17.

② Sharpe L, Hu C, Crawford L, et al. Enhancing multipoint desktop video conferencing (MDVC) with lesson video clips: recent developments in pre-service teaching practice in Singapore [J]. Teaching & Teacher Education, 2003, 19 (5): 529 - 541.

③ Galanouli Despina, Jude Collins. Using unmediated computer conferencing to promote reflective practice and confidencebuilding in initial teacher education [J]. Journal of Information Techology for Teacher Education, 2000, 9 (2): 237 - 254.

们对以微课为代表的视频的关注,适用于泛在学习的微视频课程成为重要的学习资源。时至今日,集成云计算、流媒体、大数据等众多技术的视频云开始引领视频技术的发展方向,它因交互性强、可管控、可视化等优点成为教师培训领域重要的技术手段,为破解"大规模、跨时空、高绩效"的培训提供了有力的技术支撑。

1.1.2 视频云技术应用推进了教师研修环境与研修方式的变革

近年来,云计算作为一种推进专业分工,提高资源利用率以及降低管理开销的解决方案,受到了越来越多研究者的关注。云计算是一种基于互联网的计算方式,通过这种方式,共享的软硬件资源和信息可以按照需求提供给计算机和其他设备①。云计算是在分布式计算、网格计算、网络化、虚拟化、面向服务和市场化计算的基础上发展融合而成的②。云计算最重要的吸引力之一便是其弹性可伸缩的资源供应方式③。视频云技术是云计算和大数据技术在视频应用领域的落地,视频云技术的支撑基础是"云、管、端"的架构。"云"就是指视频云;"管"指的是传输通道;"端"主要是指视频播放器,播放器可以内置于任何一个具体的物理终端中。依靠视频云技术可实现任何人在全球范围内任何地点、任何时间使用任何终端流畅访问视频并精确评估访问效果。此外,视频云还支持多终端的互动。规模化访问在原有的单向视频传播环境下并不是问题,但实现双向互动下的无障碍访问则是一个新问题。在"用户体验为王"的时代,能不能解决这个问题决定着其是否具有生命力。相比于传统结构的视频服务系统的静态资源分配方式,基于云计算的视频服务能够按需动态调整所配置资源,减少代价并提供更好的视频服务质量。视频云会议系统,简单地说就是视频通信数据的传输、处理和存储由视频会议厂商完成,用户无需购置昂贵的硬件和安装繁琐的软件,只需要打开浏览器,登录相应界面,就能实现高效的视频会议应用。由于这些特点,视频云技术为破解教师在线研修存在的诸如视频交互性不足、视频资源存储负担重、缺乏可管控性等问题提供新的解决方案。

---

① Armbrust, Michael, Fox, et al. Above the Clouds: A Berkeley View of Cloud Computing [J]. Eecs Department University of California Berkeley, 2009, 53 (4): 50 – 58.

② 林晓鹏. 云计算及其关键技术问题 [J]. 现代电子技术, 2013 (12): 67 – 70.

③ Feng Y, Li B, Li B. Bargaining towards maximized resource utilization in video streaming datacenters [C] // INFOCOM, 2012 Proceedings IEEE. IEEE, 2012: 1134 – 1142.

视频云技术的介入有望促进教师研修环境的变革，推动研修内容、研修方式、研修手段的革新，从而整体推进研修质量的提升。传统网络教研面临大量过程数据的存储和调用问题，而云计算所支持的存储服务则使该问题迎刃而解。在云计算的支持下，网络视频的编解码、存储、传输、管理和加密等都由中央服务器端完成，不需要对客户端有特别的要求，只需配备可联网的终端。云计算实现了来自不同地区和领域的视频资源的充分整合，有利于用户资源的广泛共享，减轻了客户端对视频资源的处理压力。此外，大规模流媒体在线互动服务也随着流媒体技术的发展而兴起。这种高效、便捷、低成本的会议形式无需依赖额外的硬件设备，用户只需简单操作网络界面，便可实现语音、视频的双向互动以及文件的快速传输，具有互动的便捷性和反应的快速性。这种形式的互动服务支持多终端接入，满足了大规模教研的需求，在节省教研成本和降低技术门槛的同时，提高了教师间交流的效率和效果，实现了高质量研修。

由新技术引领的研修环境的发展将导致研修模式的重构，构建新环境下教师研修模式显得尤为重要。

1.1.3 广东省"粤教云"计划推动了教师研修的探索

1.1.3.1 "粤教云"计划

"粤教云"计划是《广东省教育信息化发展"十二五"规划》中五大行动计划之一，也是广东省人民政府办公厅《关于加快推进我省云计算发展的意见》（粤府办〔2012〕84号）确定的七大重点示范应用项目之一。广东省"粤教云"计划的实施取得了突出成效，其中尤以珠海示范应用区最为突出，"建设'粤教云'珠海实验区，探索信息技术与教育深度融合的新机制与新模式"纳入广东省深化教育领域综合改革试点项目。2013年，珠海启动广东省首批"粤教云"示范应用区的建设，同期又被列入国家首批"智慧城市"试点。以此为契机，珠海按照"应用引领、技术驱动、科教结合、协同创新"的原则，构建云、端结合的多模式教学环境和公共服务平台，推动教育信息化向以用户为中心的服务模式转变。教育部《中小学教师信息技术应用能力标准》对教师应用信息技术开展课堂教学的能力提出了更高的要求。本书以"粤教云"示范应用校为切入点，以教师的信息技术应用能力提升为例，开展对新型教师研修环境的建设以及教师研修工作的研究。

本书的研究工作依托珠海市"中小学教师信息技术应用能力提升工程"项目和"粤教云"计划，得到合作单位珠海市教育局、北京师范大学、华南师范大学及"粤教云"示范应用校的支持，这些都为本书的研究工作提供了良好的条件。作者作为项目团队核心成员于2012年参与了广东省重大科技专项"云计算若干关键技术及产业化与'粤教云'工程"，全面主持"粤教云"计划在珠海的规划、建设与实施。与此同时，作者参与了整个珠海市的教育信息化的组织和实施工作，因此能够长期深入教师研修一线，发现教师信息技术应用能力提升存在的问题，并在此基础上开展针对性研究。

1.1.3.2 "粤教云"计划之视频云研修环境建设

为了推动"粤教云"计划在珠海的落地与建设，珠海市以"打造云时代的高端教师"为目标，建设规模化的云教室，并着力打造教师网络研修平台，将网络研修平台与云教室连成一个整体，构筑新型教师网络研修环境。这个环境我们称之为视频云研修环境。在该环境的支持下，教师线上学习与线下实践实现了无缝对接，教师实践的内容第一时间成为研究的对象，保证了研修资源的时效性。与此同时，作为实践者的教师通过录播系统保持实时的沟通。目前，珠海市超过70%以上的中小学校成为"粤教云"示范应用校，均已配置带有录播系统的云教室，用以支撑各类教师研修项目。然而，技术支撑的发展带来了环境与模式之间不匹配、不契合的问题。事实证明，环境与应用密不可分，任何一方面不匹配都会造成研修过程不协调、研修质量低下的后果。因此，借助珠海市目前已有的技术条件，探索构建新的教师研修环境，具有紧迫性，也具有可行性。

1.2 研究的问题

1.2.1 存在的问题

教学实践是教师研修的核心内容之一，教师只有将研修所学顺利迁移到实际教学过程中才能体现研修的作用。教学实践既推动了教师对研修内容的深入理解和应用，又检验了研修的效果。因此，线上虚拟环境与线下实践环境相结合的混合式研修环境是最适合教师的研修环境，这种环境克服了传统研修环境中学习与实践脱节的弊端，满足了大规模、跨时空、多层次研修的需求，同时实现了教师实践性知识的提升，促进了教师专业发展。在传统研修环境下，环境的独立性较强,不同环境间存在较大的割裂,要么围绕网络研修平台来开展学习,要么以大型会议室为讲堂集中培训或以课堂为据点听公开课,线上学习与线下活动之间缺乏及时有效的互动。

常态化、可管控、高质量的研修是教师培训组织管理部门追求的目标,是教师培训发展的趋势。面对教师参与培训规模的扩大,传统研修环境因缺乏有效管控,且难以实现常态化,已不适应培训发展的要求;而网络环境虽在解决大规模、常态化研修方面有独特优势,但同样面临管控不足、教学研脱节等诸多问题。因此构建线上虚拟空间与线下实践环境相结合,切实保障研修的参与性、可管控、常态化,实现"研培用"一体化的研修环境是保证教师研修质量的有力支撑。然而,新环境的构建离不开相关技术的支撑,更需要关键技术的突破。与此同时,旧研修形式在新环境中出现不适应、不匹配、不协调的问题,因此需要变革研修模式,以保证研修模式与环境的契合。在此基础之上,需要借助大规模的实证研究,验证研修环境和模式的科学性、合理性与有效性。

首先,研修环境的设计理念落后,未能有效解决"研培用"一体化问题。就目前来看,国内外教师研修大多强调了网络研修环境与实践环境的结合,提出了混合式研修的概念,重视线下实践对网络研修效果的巩固和发展。因此,对构建以真实教学场景为研修内容,教师立足岗位,边学习、边实践、边应用的"研培用"一体化研修环境进行了大量研究。然而,这种体验与教学实践结合,强化情境体验环节,即时监测学习效果的"研培用"一体化,需要解决线上学习与线下实践缺乏耦合以及如何保障学习资源原创度等应用问题。实践中,教师研修环境的建设大多停留在对网络研修平台的不断优化,而没有迈出推动网络研修环境与实践环境整合的步伐。应用过程中,缺少优质原创资源的支撑,大量无序学习资源增加了教师筛选甄别的负担,学习资源脱离一线教师需求,无法从本质上解决研修质量低效的问题。

其次,视频云服务下构建具有交互性、协作性、开放性等特征的一体化教师研修环境受到技术制约。第一,视频服务以知识单向传递为主要形式,研修中日益增长的双向交互,甚至是多向交互的需求难以被满足;第二,功能强大的传统视频会议系统虽然能够满足网络教研的需求,但是高昂的费用和大量的硬件投入是目前学校和教师难以承担的;第三,在研修过程中会产生大量研修资源(包括视频资源),教师共享视频资源以及教师观摩视频并基于视频会议系统进行协作、交流、互动时会产生大量数据,对于这些资源与数据的存储与调用是当前研修环境面临的巨大挑战。

最后,相当数量的教师尤其是农村教师借助网络研修环境开展学习的意识淡薄、能力不足,未能充分发挥信息技术手段促进教师研修的综合效益;部分教师对新技术、新事物缺乏感知和兴趣,对新技术支撑下的教学和研修环境应用意愿不强;也有一部分教师在一定程度上对网络研修持肯定态度,但是从实际的应用效果来看,教师个体间存在较大的差异。目前,在网络研修过程中转载现成的学习资料的教师居多,共享经过主动加工的知识的教师较少;简单的人际连接多,促进深度学习与研讨的互动少;单向的知识分享多,双向的知识分享少。部分教师倾向于囤积自己的知识,知识共享往往发生在分享关系的人之间。在发表评论、回复评论帖、提交资源、自我反思等方面,成员之间的表现相差悬殊,有些人逐渐成为"核心成员",而部分成员则自我边缘化。这种应用效果的差异性很大程度上与教师个人的知识共享水平有关。以知识交流和转化为主要形式的知识共享活动已经成为研修体系中各个构成要素彼此依存、相互关联的价值意蕴。高水平的知识共享需要技术环境的支持,而知识共享的高质量又反过来促成环境的高效应用。应用意识和水平表面上是教师的个人行为,实质上却是在新技术环境下教师研修模式缺乏理论和实践指导的深层次问题。

1.2.2 拟解决的问题

深入分析上述三个问题,不难发现,造成这些问题的原因是对"研培用"一体化教师研修环境的设计缺乏从支撑技术的研发到硬件环境的系统设计,以及缺少与研修环境发展相适应的以提高环境应用水平和教师专业发展为目标的研修模式设计。因此,本研究拟解决的问题包括以下两点。

1.2.2.1 "研培用"一体化研修环境的构建

解决的基本思路是借助视频云环境来构建,因此具体问题包括:

(1) 教师研修环境的发展现状和需求分析;

(2) 视频云研修环境设计框架、功能要求以及技术要点;

(3) 视频云关键技术解决方案,包括教育视频点播系统格式转换、大规模流媒体直播交互以及不同品牌录播系统实时视频流的汇聚。

1.2.2.2 "研培用"一体化研修环境的应用

解决的思路是在构建的"研培用"一体化环境的基础上，从群组知识共享的角度构建研修模式，具体问题包括：

（1）提炼并分析网络研修社区中影响知识共享的因素，从而总结出影响教师知识共享的关键因素；

（2）建立高信任度群组；

（3）构建视频云服务支持的教师知识共享（CV-SECI）研修模式，该模式充分整合视频云技术与SECI模型，致力于提高网络研修社区中共享知识的质量。

1.3 研究的意义

1.3.1 理论意义

本研究的理论意义包括两方面：一是为知识共享理论的应用研究提供新视角；二是加深对协作学习的认识和研究。

1.3.1.1 为知识共享理论的应用研究提供新视角

目前以 SECI 模型为基础的知识共享理论模型比较多，各种模型都基于不同的应用场合和需求。SECI 模型描述了知识转化的过程，提供了一套知识共享的方法，但知识转化的过程仅限于面对面的环境①②。随着网络技术的发展，知识的远距离转化已成为常态，SECI 模型在网络环境下面临巨大挑战。本研究所提出的 CV-SECI 研修模式充分体现了云计算时代背景下视频云技术与 SECI 模型的结合，强化了开放、群组、交互、大数据的概念，为知识共享理论在教师研修领域的应用研究提供了一种崭新的视角。

1.3.1.2 加深对协作学习的认识和研究

协作学习离不开参与者的交互。传统协作学习有两种状态：群组内部交互和

---

① 李倩，程刚. 企业隐性知识共享模型研究［J］. 情报理论与实践，2014（01）：100 – 104.

② Tamjidyamcholo A, Baba M S B, Slnuib N L M, et al. Evaluation model for knowledge sharing in information security professional virtual community［J］. Computers & Security, 2014, 43 (6)：19 – 34.

不依赖群组的学习者个体的交互,这两种状态都会造成协作学习的低效①②。知识共享是一个相互交流知识、共同创造新知识的过程,它意味着为实现共同目标而努力的个人之间的协同合作。本研究在传统协作学习组内交互的基础上强调了组间交互的作用,将群组交互由组内单级交互扩展到包含组间交互在内的二级交互,并提供了组间交互的支撑环境,有助于协作学习的实现。

1.3.2 实践意义

1.3.2.1 为"研培用"一体化研修环境迈向实践应用提供了支撑

"研培用"一体化研修环境迈向实践需要解决好线上学习与线下实践的耦合等问题。本研究设计和开发了视频云研修环境,实现了基于真实教学实践的大规模、远距离、密切互动式教师间协作学习,推动了"研培用"一体化研修环境从理论层次的构建走向实践应用。

1.3.2.2 为提高教师网络研修环境的应用水平提供了思路和方法

如何扩大研修环境的应用人群范围,提升学习者的应用水平是网络研修环境设计共同面临的问题。CV-SECI 研修模式从知识共享的视角回答了如何在视频云环境支撑下实现高效应用,即以知识共享为目标与核心,通过加强交互扩大知识的转化与流转,而研修环境的价值则渗透到知识转换的各种场景中。

1.4 内容组织结构

本研究按照前述的研究问题,沿着"研究背景与研究现状→研修环境设计及关键技术→教师知识共享研修模式构建→应用及效果检验"思维脉络进行,最后形成内容组织结构,如图1-3所示。

---

① 琳达·哈拉西姆,肖俊洪. 协作学习理论与实践——在线教育质量的根本保证[J]. 中国远程教育(综合版),2015(8):5-16.

② 余亮,黄荣怀. 活动理论视角下协作学习活动的基本要素[J]. 远程教育杂志,2014,32(01):48-55.

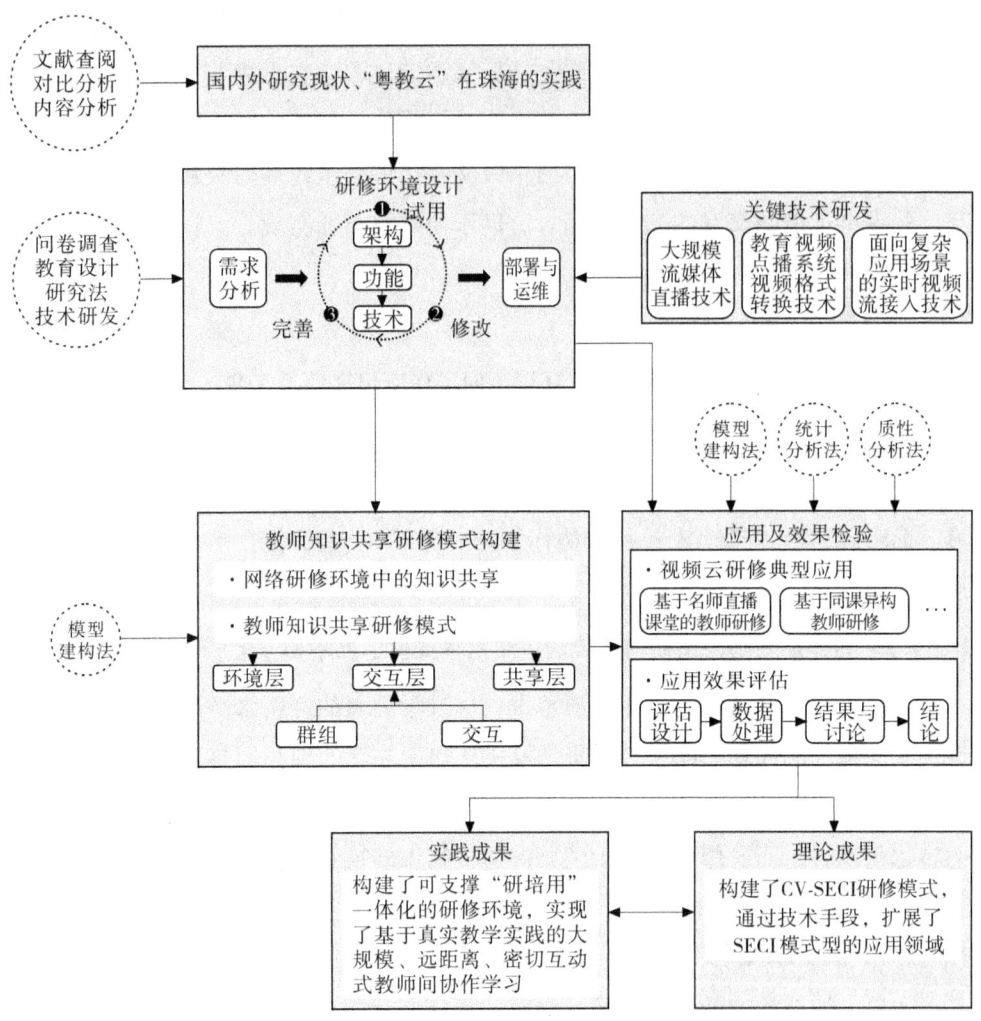

图 1-3 内容组织结构

研究内容组织结构如下：

第一章为绪论，主要是对本研究的总体介绍。首先介绍了本研究的研究背景，分析面向教师研修的技术支撑环境的现状，视频云技术应用推动了教师研修环境与方式的变革，广东省"粤教云"计划在珠海的试验推动了教师研修探索。由此提出本研究的研究问题与研究意义，即设计视频云研修环境、构建视频云研修环境的应用模式，然后概括性介绍本研究的研究方法，最后对本研究相关概念进行界定。

第二章是对国内外研究现状的分析。首先，分析了教师网络研修现状及趋势,指出网络研修质量的提升方向已经逐步从知识共享角度来思考;然后,详细分析了知识共享的 SECI 模型的衍变发展及其在教师研修领域中的应用现状,总结了 SECI 模型的演变路径,分析如何在视频云研修环境中运用 SECI 模型提高该环境的应用水平,进而提高研修质量;最后,介绍了当前教师网络研修支撑环境的现状,包括网络研修平台和云教室的应用。

第三章为本研究的理论基础,涉及群体动力学理论、社会建构主义理论、体验式培训理论及 CSCL(使用计算机技术来辅助和支持协作学习)理论。

第四章为对视频云研修环境的设计及关键技术研究。本章首先对当前教师研修环境的教师需求进行了调查和分析;然后探讨了该环境的架构、功能框架,从底层功能、应用功能和个人空间功能对功能模型进行了详细阐述;最后,根据视频云研修环境的设计,提出了关键技术的解决方案。

第五章是视频云研修环境的应用研究。本章从知识共享的视角分析了网络研修环境中知识共享的内涵、影响因素和作用。从环境层、交互层、共享层三个维度构建了适用于视频云研修环境的 CV-SECI 研修模式,分析了影响知识共享的因素,并总结出群组构建与群组交互是核心要素的结论。最后,深度剖析视频云研修环境是如何促进高信度研修群组的构建以及群组交互的产生。

第六章是应用实验及效果评估。首先,列举了视频云研修环境下实施的依据 CV-SECI 模式设计的应用案例;其次,对视频云研修环境的应用效果进行检验,提出了 SRRBA(study, result, reflection, behavior, achievement)评估模型,按照评估模型设计、数据资料分析以及提炼结论的思路来实施。

第七章对本研究的结论、主要创新进行总结,并在反思局限中展望后续研究中应着重解决的问题。

1.5 研究的方法

如图 1-3 所示,本研究依据前面所论述的研究问题和研究框架,具体采用了教育设计研究法、案例研究法、模型建构法、统计分析法、质性分析法。研究方法的应用如下:

1.5.1 教育设计研究法

教育设计研究法是一种在真实的教育情境中进行研究和设计工作的方法,它通过反复不断地改变学习环境来解决这种情境的复杂性，搜集这些变化的效果证据并用其来指引下一次设计。视频云研修环境的构建是一个"分析→设计→试用→修改→完善"的迭代过程，通过专家、一线教师的反馈不断完善环境功能，从而使环境更好地满足研修的需要。

1.5.2 案例研究法

实践案例是教师研修组织实施的真实轨迹记录，通过案例分析可以了解现象背后的本质是否符合教师研修的客观规律。本研究选取珠海市视频云研修的典型案例作为研究对象，通过分析其过程揭示其蕴含的"研培用"一体的研修思想，以及研修过程中教师知识共享和创造的脉络，从而论证 CV-SECI 研修模式的实用性和广泛性。

1.5.3 模型建构法

模型建构法是人们为了研究实际问题和探讨现实事物的本身而对研究对象所作的一种简化描述，是以观察和实验为基础，采用理想化的办法所创造的能再现事物本质和内在特性的一种简化模型。理想化的模型既是科学赖以建立的基本思想方法，也是科学在应用中解决实际问题的重要途径和方法。本研究中，我们基于 SECI 模型构建 CV-SECI 研修模式，并构建应用于效果检验的模型。

1.5.4 统计分析法

统计分析法指通过对研究对象的规模、速度、范围、程度等数量关系的分析研究，认识和揭示事物间的相互关系、变化规律和发展趋势，借以达到对事物的正确解释和预测的一种研究方法。世间任何事物都有质和量两个方面，认识事物的本质时必须掌握事物的量的规律。本研究中，统计分析法主要用于统计分析中小学教师研修环境需求调查和研修模式的应用效果。

1.5.5 质性分析法

质性研究是以研究者本人作为研究工具，在自然情境下采用多种资料搜集方法对社会现象进行整体性探究，使用归纳法分析资料和形成理论，通过与研究对象互动对其行为和意义建构获得解释性理解的一种活动。在本研究中，质性研究方法贯穿于研究始终,尤其体现在视频云研修环境的设计、应用效果的分析等方面。通过接受专家、一线教师的反馈完善设计,从而促进研修环境满足研修的需要,并进行实证研究。

1.6 相关概念界定

1.6.1 视频云

视频云又被狭义地理解为视频托管技术。即用户将自己的视频上传到云端服务器,视频云提供商将视频转码为 2 至 4 份(根据用户个人提供的视频码率而言,如果原视频码率过低的话,就不能被转码为较高的码率),用户可以采用不同终端设备(PC、智能手机、平板电脑等)观看自己的视频。

视频云是基于云计算的视频平台,包括视频的批量上传、存储备份、多码率转码、多 CDN 分发网络加速、自定义播放器、统计分析、高清视频播放等综合视频应用服务管理,通过云端服务器给用户以最高端的体验。视频云可以帮助用户在短时间内搭建专业的视频云平台,只需要半天时间用户就可以体验到视频云带来的专业级的视频享受。

目前,视频云服务主要融合了视频并行分布处理技术、大规模分布存储技术、分发技术、码流自适应调整技术等,从而可让用户在不同场景跨平台、不中断地观看视频①。

1.6.2 知识共享

关于知识共享的含义存在交换论(权力交换或信息交换)、互动论、传播论和学习论等研究思路。本研究对知识共享的理解比较倾向于以马格瑞特(Margaret)为代表的信息交换论的观点。该观点认为,知识共享就是交换知识,是个体间交换知识并创造知识的过程,是个体知识向组织知识的扩散②,共享是基于信

---

① 余亮,黄荣怀. 活动理论视角下协作学习活动的基本要素[J]. 远程教育杂志,2014,32(01):48-55.

② Tan M. Establishing Mutual Understanding in Systems Design: An Empirical Study [J]. Journal of Management Information Systems, 1994, 10 (4): 159-182.

息相互交换①。结合日本学者野中郁次郎（Nonaka）提出的知识共享的沟通互动论，即知识共享是隐性知识与显性知识相互作用的过程②。本研究认为知识共享是个体与个体间、个体与组织、组织与组织间扩散、交换、创造知识的过程，在这过程中知识以隐性知识和显性知识的形态存在并相互作用、相互转化，最终实现个体和组织的知识的增长。

1.6.3 网络研修

"研修就是思考问题、商讨意见、探求事物规律等研究性学习活动，提高人的修养"③，包含了研究和修养两个层面的含义。随着国家、教师教育理论界以及实践领域对教师专业发展日益上升的高要求，教师培训逐渐走向教师研修。"从教师培训走向教师研修，反映了教师专业成长的自主性、自律性、多元性、合作性的一面。"④ 有学者将研修界定为：中小学教师通过一系列高质量的教学研究以及教育科学研究，服务于教育教学，促进教师专业发展，提高教育的能力，特别是解决问题的能力⑤。本研究认为教师研修是指融教研、培训、教学于一体的教师继续教育方式，其目的在于提升教师的专业水平，提高教师教书育人的能力以及解决问题的能力，从而更好地服务于教育教学。常见的教师研修方式有集中培训、网络研修、研讨会议等。

网络研修是一种以网络协同学习平台为技术支撑而开展的有组织、有引领的教师自主研修活动的新方式，它不是对传统的教研和面对面的集中培训的取代，而是对传统的教师常规教研与培训的增容、延伸与发展⑥。一种观点认为，网络研修活动是指来自不同地域的教师为了专业能力的发展，借助各类网络学习交流平台参与学习讨论交流，进而进行正式或非正式的学习活动，其目的是获得教师

---

① Wellsandt S, Thoben K D. Approach to Describe Knowledge Sharing between Producer and User [J]. Procedia Cirp, 2016, 50: 20-25.

② Nonoka I, Takeuchi H. The Knowledge-Creating Company [J]. Nankai Business Review, 1998, 482-484 (2): 175-187.

③ 周冬祥. 校本研修：理论与实务 [M]. 武汉：华中师范大学出版社, 2007.

④ 钟启泉. 教师研修：新格局与新挑战 [J]. 教育发展研究, 2013 (12): 20-25.

⑤ 宋燕. 和合学视野下教师合作研修共同体建构的研究 [D]. 重庆：西南大学, 2011.

⑥ 马立, 郁晓华, 祝智庭. 教师继续教育新模式：网络研修 [J]. 教育研究, 2011 (11): 21-28.

的实践性知识发展,获得教师教学行为的改进①。另一种观点则认为网络研修是来自不同地区的中小学教师通过现代信息技术实现跨越时空地域的限制、非实时地借助网络交流平台进行正式或非正式的专业学习活动②。由此可见,网络研修是以网络技术为支撑,面向大规模教师学习,以自主研修为主要特色,可开展正式或非正式的研修方式。网络研修不是传统集中培训的补充,而是网络时代教师研修的重要方式,本研究所涉及的研修为网络研修视角下的新应用。

1.6.4　研培用

2013年广东省教育厅文件《广东省教育厅关于开展"粤教云"示范应用试点工作的通知》提出了"研培用"一体化专业发展的概念。事实上,"研培用"一体化的思想萌芽较早,但鉴于当时技术所限,该理念并未在实践中大范围推广。《云计算与大数据时代的教育信息化探索实践——"粤教云"计划及示范工程进展》一文对"研培用"进行了系统论述,认为"研培用"就是支持教师立足岗位,边学习,边实践,边应用,边提升③。与"研培用"相关的有"研训"④"研训用"⑤等概念,其并无二致。本研究认为,"研"指教学研究,是立足于课堂教学以及真实问题的研究,是教育经验上升为理性认识的重要手段;"培"指教师培训,也就是教师接受继续教育,信息时代更侧重于网络研修;"用"指教学实践,是"研"与"培"的归宿和价值所在,是检验研修质量的标准,同时也是教师实践知识的源泉。"研培用"思想源于现实主义教师教育认识论。柯萨根认为传统教师教育理论与应用是分离的,教师培养不仅要提供理论等概念性知识,更应该让教师在具体的教学情境中,获得更多的体验,进而在利用

---

① 栾学东. 关于教师网络研修活动绩效评估方法的研究 [J]. 电化教育研究, 2014 (1): 110-114.

② 黄慧芳, 辛一君, 俞树煜, 等. 我国教师网络研修研究现状的可视化分析 [J]. 现代远距离教育, 2015 (5): 34-41.

③ 许骏, 唐连章. 云计算与大数据时代的教育信息化探索实践——"粤教云"计划及示范工程进展 [J]. 教育信息技术, 2014 (11): 3-9.

④ 杨连明, 徐美乐. 现代教师研训新探 [M]. 上海:上海科学技术文献出版社, 2007.

⑤ 武丽志. 教师远程培训研究:"研训用"一体的新视角 [M]. 北京:清华大学出版社, 2015.

理论知识反思体验和感知的过程中获得实践智慧。① 日本学者佐藤学认为，实践性知识是教师研修的核心概念之一，教师研修应重视教育内容、教师认识以及教学情境等特殊性。②"研培用"一体化思想体现了自上而下的教师培训向自下而上的教师研修的转变。

1.6.5 研修环境

研修环境源于学习环境，但比学习环境孕育更多内涵，研修除了有培训学习之意，还有教研、教学的意思。本研究认为研修环境是教师在追求专业发展的过程中，支持教师使用工具和资源，促使教研、培训和教学发生相互作用的场所。本研究中的研修环境分为教师教学的课堂环境和技术实现的软件系统两类，均离不开网络技术的支持，因此本研究所构建的教师研修环境是网络研修环境在云计算支持下的新形态。

---

① Kessels J P A M, Korthagen F A J. The Relationship between Theory and Practice: Back to the Classics [J]. Educational Researcher, 1996, 25 (3): 17 - 22.
② 钟启泉. 教师研修的模式与体制 [J]. 全球教育展望, 2001, 30 (7): 4 - 11.

第 2 章

国内外研究现状

教师研修是教师专业发展的基石和重要途径，尤其随着互联网技术的飞速发展，网络技术支持下的教师研修发生了巨大变化。如何提升教师研修质量也成了学者们关注的焦点。就采用何种技术、如何运用技术、从怎样的视角来深入推动研修等问题，产生了丰富的研究文献和成果。本章根据研究的需要，重点阐述当前教师网络研修的内容和前沿方向、知识共享以及网络研修的技术环境。

2.1 教师网络研修概述现状

教师网络研修聚焦的领域主要集中在研修模式、研修环境、知识管理等方面。在教师网络研修模式方面，国内外专家学者纷纷提出了自己的见解，形成了不同的研修模式，没有形成一个统一的路径。从研修活动参与者角度来看，可分为教师个人自主研修模式、专家讲座研修模式、同行之间互动交流模式等[1]。从研修中的互动情况来看，可分为网络自主性研修模式、网络互动性研修模式[2]。根据网络环境下的教学与学习模式进行划分，可分为网络讲授研修模式、网络个别学习研修模式、网络讨论研修模式、网络检索和查询研修模式、协作学习研修模式等[3]。根据不同区域研修定位进行划分，可分为以校本培训为主的长期发展模式、以学区资源建设整合为主的培训模式、以网络研修为主的开放发展模式、

---

[1] 王迎雪. 关于中学数学教师校本研修现状与对策的研究 [D]. 长春：东北师范大学，2013.
[2] 李毅. 基于网络环境下中等职业学校校本研修平台设计的研究 [D]. 长春：东北师范大学，2013.
[3] 刘志家. 中学教师远程研修中有效教学交往的策略研究 [D]. 济南：山东师范大学，2011.

以自主研修为主的教师个性化专业发展模式①。从研修的基本流程角度来看，可以分为"阶段递进"模式、"拓展—辐射"模式、"跟踪—巩固—深化"模式、"集中理论学习—分组实践学习—成果展示"三段式研修模式等②。根据活动组织的基本流程进行划分，可分为顺序模式、并行交叉模式、同步模式、异步模式等③。从研修的资源、技术支撑角度来看，有学者认为开展基于Web2.0环境的教师网络研修与现场实践相结合的培训是提升教师信息技术应用能力的重要途径之一④。也有学者将微课应用于教师网络研修⑤。

上述研究中，研究者普遍认为网络远程培训突破了时间和空间的局限，打破了地域的羁绊，满足了教师个性化学习的需求，但因缺乏有效的监控，无法解决教师自身的不自觉和不主动导致学习效果大打折扣等问题。面对面"专家讲座式"培训能够在较短的时间内将先进的教育教学理念传输给大量教师，但该模式的弊端非常明显——培训实施受到时空的限制，学习过程基本以"培训者灌输，受训者接受"的方式进行，一旦受训教师不做任何培训前准备则学习效果甚微。混合式培训集合了以上培训模式的优点，是当前教师培训中比较新颖的培训模式。但传统的混合式培训没有关注培训后受训者将获得的知识、技能、行为、态度应用于实际工作的过程。教师往往在培训之后，短期内能有意识地应用培训所学，但是持续一段时间后，又会回到培训前状态。因此，将教师培训、研修和应用三个阶段紧密联系起来的"研培用"一体化的教师研修思想得到广泛的接受。

"中小学教师信息技术应用能力提升工程"（以下简称"提升工程"）提出建立"教师研修空间""教师工作坊"，以Web2.0为技术基础的网络研修社区、教师工作坊成为近年来研究的重点之一。针对网络研修社区的支撑服务，有学者提

---

① 游家水. 基于网络化教学资源的教师专业发展模式研究［J］. 教育信息技术，2013（4）：50-52.
② 郑开义，张景斌. 构建实践取向的教师研修模式［J］. 首都师范大学学报（社会科学版），2011（03）：77-80.
③ 周明. 基于工作流技术的校本研修平台设计与应用［D］. 上海：华东师范大学，2010.
④ 林秀瑜，杨琳. 基于教师信息技术应用能力提升的网络研修策略研究［J］. 中国电化教育，2015（07）：90-95.
⑤ 王文君，杨永亮. 基于微课资源的教师网络研修模式构建与活动设计［J］. 电化教育研究，2016（01）：116-122.

出由需求分析子系统、活动支持子系统、资源与知识管理子系统、服务团队管理子系统、服务管理子系统构成的体系[1]。也有学者将网络研修社区应用于 U-S 伙伴合作[2]。研修社区的学习方式也是学者研究的重要内容，有学者围绕集体备课、观课议课、专题研讨、同课异构、课题研究五类教研活动，提出构建基于网络研修社区的教师研修模式[3]。也有学者提出了基于研修社区的教师专业发展的迭代模型[4]。网络研修社区也有向在线实践社区发展的趋势，资源的建设与技术[5]、研修活动设计[6]、教师 TPACK 发展[7]、实践性知识构建[8]等都是研究的话题。教师工作坊被认为对教师信息技术应用能力有显著的提升作用[9]，不少学者对教师工作坊中的知识交互[10]、用户参与行为[11]、"重要他人"[12]进行了研究，其

---

[1] 杨卉，司治国. 教师网络研修支持服务体系的构建研究——以教师网络研修社区为例[J]. 中国远程教育，2016 (11)：61-70.

[2] 滕光辉. 基于网络研修社区的 U-S 伙伴合作新模式研究[J]. 电化教育研究，2015 (10)：52-55.

[3] 康曼. 基于网络研修社区的教师研修模式与策略研究[D]. 福州：福建师范大学，2015.

[4] 贺相春，张兆勤，郭绍青. 网络研修社区中教师能力发展迭代模型研究[J]. 电化教育研究，2016 (12)：117-120.

[5] 张敏霞，房彬. 教师在线实践社区中的资源建设理论与技术[J]. 中国电化教育，2011 (09)：49-52.

[6] 杨卉. 教师在线实践社区研修活动设计——以同侪互助网络研修活动为例[J]. 中国电化教育，2011 (09)：43-48.

[7] 邓国民. 基于在线实践社区的教师 TPACK 发展模式[J]. 电化教育研究，2015 (12)：109-114.

[8] 王陆，司治国，江绍祥. 教师在线实践社区中的教师实践性知识建构的个案研究[J]. 电化教育研究，2014 (02)：101-106.

[9] 李愈婧. 教师工作坊研修对中小学教师信息技术应用能力的影响研究[D]. 临汾：山西师范大学，2016.

[10] 马晓能，俞树煜，辛一君，等. 教师工作坊中知识交互的现状分析[J]. 电化教育研究，2017 (03)：55-61.

[11] 刘清堂，武鹏，张思，等. 教师工作坊中的用户参与行为研究[J]. 中国电化教育，2016 (01)：103-108.

[12] 李立君，丁新，武丽志. 教师工作坊网络研修的"重要他人"研究——人类发展生态学的视角[J]. 中国电化教育，2015 (02)：90-95, 111.

中知识管理①②③被看作是新的研究视角。

知识管理原本是经济领域的研究内容，其在企业人力资源管理方面有着举足轻重的作用。知识共享是知识管理理论的重要组成部分，随着知识管理理念在教育领域的渗透，知识共享成为教师研修的深层次内容已是业内的广泛共识，并认为建立网络研修社区的目的之一就是促使教师的知识共享。知识共享在管理学领域的研究较为成熟，研究的方向也呈多样化的趋势，共享的因素、动机、机制、模型、影响、评价多有涉及。譬如，有研究者采用定量和定性相结合的研究方法，对工作坊内教师的知识共享，社会交互的数量、内容和质量等情况进行研究分析④。也有学者揭示了在线实践社区与一般的教师网络研修存在着三种转变而形成了独特的知识共享与知识创新的三种机理⑤。

由此可见，在网络研修质量的提升方面，研究者在环境、模式和策略方面做了大量工作，并逐步围绕"网络研修社区""教师工作坊"的研修环境建设，以及转向知识共享角度来思考。目前，网络研修的知识共享还停留在传统网络研修环境中，虽然有学者提出了在线实践社区中的知识共享，但其所依赖的环境依然没有很好地将教师和实践环境结合起来。知识共享则为开展视频云服务研修环境的应用提供了新的视角，适合指导该环境研修模型的设计。

2.2 知识共享模型研究现状

知识共享的模型构建是研究的热点之一，学者们从不同角度提出了知识共享

---

① 邱学青，李正. 基于知识管理视角的高校教师专业发展策略研究［J］. 高等工程教育研究，2013（06）：81-85.

② 蓝卫红. 网络研修与校本研修整合的教师实践性知识管理［J］. 教育探索，2015（06）：133-136.

③ 程凤农，唐汉卫. 教师自组织：教师实践性知识管理的一种组织方式［J］. 教育理论与实践，2014（01）：34-37.

④ 刘清堂，王虹，熊久明，等. 教师工作坊中知识共享效果实证研究——以语文"齐心协力工作坊"为例［J］. 现代远距离教育，2017（02）：40-48.

⑤ 王陆. 教师在线实践社区的知识共享与知识创新的机理分析［J］. 电化教育研究，2015（05）：101-107.

的模型,比如进化博弈模型①,基于信任机制的复杂网络知识共享模型②,系统动力学模型③,微分对策模型④以及 SECI 模型等。进化博弈模型侧重于从利益双方的博弈中探讨知识共享的过程,而信任机制和系统动力学模型则主要聚焦于影响知识共享的因素,微分对策模型是一种数学模型,其实际可操作性有限。SECI 模型由于为教师知识转换与流转的过程提供了可靠的分析路径,有助于解释教师知识共享的过程本质,并提供了有助于实践的实施策略等优势,颇受研究者的关注。SECI 模型应用呈现两方面的趋势,一是将其作为新的研究视角开展其他问题的研究,譬如有团队从 SECI 视角下开展移动学习资源的设计⑤,也有研究者基于 SECI 模型探讨了军校学科知识社区构建⑥;二是以 SECI 模型为依据,针对新的研究问题开展新型模型构建,譬如有学者基于 SECI 模型和知识沟通理论,构建了个体、团队和企业整体的隐性知识共享模型⑦,以及下文重点论述的 SECI 模型。

2.2.1 SECI 模型及其衍变发展

2.2.1.1 SECI 模型的提出

知识共享已被证明对教育和商业部门有积极的影响⑧。野中郁次郎博士

---

① 刘臣,单伟,于晶. 组织内部知识共享的类型及进化博弈模型[J]. 科研管理,2014 (02):145-153.

② 李颖,王亚民. 基于信任机制的复杂网络知识共享模型研究[J]. 情报理论与实践,2014 (08):79-83.

③ 钟炜,蒲岳,杜泽超. 开放式创新社区网络平台知识共享系统动力学模型构建[J]. 价值工程,2017 (01):239-243.

④ 于娱,施琴芬. 产学研协同创新中知识共享的微分对策模型[J]. 中国管理科学,2013 (S2):684-690.

⑤ 郑燕林,李卢一,王以宁. SECI 模型视角下移动学习资源设计研究[J]. 远程教育杂志,2010 (03):20-24.

⑥ 万春蓉,黄河. 基于 SECI 模型的军校学科知识社区构建[J]. 情报理论与实践,2012 (03):123-125.

⑦ 李倩,程刚. 企业隐性知识共享模型研究[J]. 情报理论与实践,2014 (01):100-104.

⑧ Tamjidyamcholo A, Baba M S B, Shuib N L M, et al. Evaluation model for knowledge sharing in information security professional virtual community [J]. Computers & Security, 2014, 43 (6):19-34.

(Ikujiro Nonaka) 在对20世纪七八十年代日本企业的发展以及知识共享的过程深入研究后，在1995年他的著作《创造知识的公司》中系统全面地提出了著名的螺旋形知识转换生成模型，即SECI模型①。该模型把知识看作是一种动态的活动而不是一个目标，着重于知识的实践、协作与创造，它描述了组织中知识产生、传播和再创造的动态循环过程。该模型主要包括知识转换的SECI四模式、场域、知识资产三个部分，如图2-1所示。

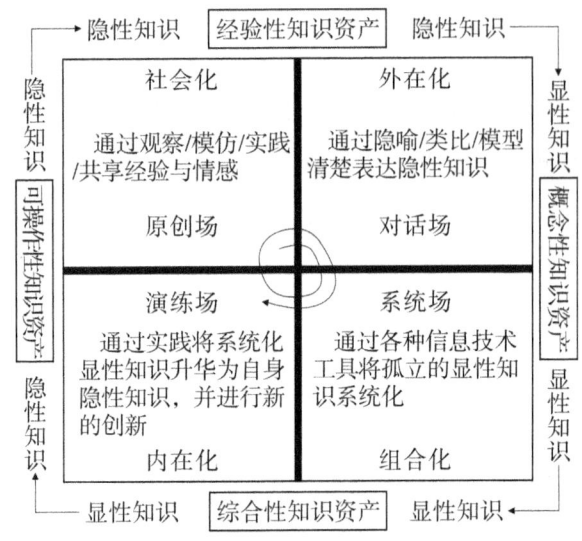

图2-1 SECI知识共享模型

1. 知识转换的SECI四模式

知识共享的过程包括四种转化模式，即隐性知识到隐性知识的社会化（socialization）、隐性知识到显性知识的外在化（externalization）、显性知识到显性知识的组合化（combination）和显性知识到隐性知识的内在化（internalization）。社会化的本质在于以个体与个体为基本单位，以面对面的方式开展内隐知识的交流。这是一个共享、共鸣、共有的过程，使个人的隐性知识储量不断增长。外在化的过程中个体与组织的交互作用关系成为重要的媒介，个人层面的隐性知识得以语言化。信息技术对组合化过程中知识的迁移和分享起到关键作用，在组织迁移和分享显性知识的同时发生着部分组织联结化。内在化的过程就是在实践中学

---

① Nonaka I. A Dynamic Theory of Organizational Knowledge Creation [M]. INFORMS, 1994.

习，通过实践经验的积累，显性知识内化为隐性知识。通过这种过程，隐性知识和显性知识在组织内部不同的知识主体之间进行转移创生。组织隐性知识通过"社会化"转化为个人隐性知识，接着又经过"外在化"转化为个人显性知识，进而由"组合化"转化为组织显性知识，最后通过"内在化"被个人消化、吸收，成为个人隐性知识，同时个人隐性知识又构成组织隐性知识系统的一部分。

2. 场域

场，可分为原创场（origination ba）、对话场（dialoging ba）、系统场（systemizing ba）和演练场（exercising ba）四种类型。每一种类型支持一段知识转换过程，并为知识螺旋上升的特定阶段施加环境影响。对于知识的共享与创新来说，"场"是根本性要素。知识学习活动必须在组织内部不同类型的知识场所中完成。

（1）原创场：是分享默会知识的地方，是一个分享个人经历、体验、感受和心智模式，以及与他人面对面给予对方关爱、信任，最终实现个人知识转移的场所。原创场中诸如集思广益、非正式会议、对话、观察、现场培训、师徒"传帮带"等活动大多在一个面对面场域中进行。

（2）对话场：是通过对话与思考，将个体的技能和心智模式转化为行业通用术语和概念的地方。对话场建立在类比、隐喻和构造、倾听、深度对话、实践等活动基础上，因此它需要在一个集体的沟通环境中进行。

（3）系统场：在大多数情况下，它指的是超现实的虚拟世界。在这种环境中，信息技术为孤立的、缺乏逻辑关系的显性知识构件的组合起到了有效的支持作用。

（4）演练场：是通过实践训练和主动探索内化知识的地方。通过使用虚拟媒体进行交互，创造练习与创生知识，并采用模拟、仿真和游戏等方式帮助教师将获得的显性知识进行内化。

由此可见，场既可以是现实空间，也可以是虚拟空间，其中原创场、对话场、演练场离不开物质场所。对于原创场来说，亲身体验需要学习者的直接参与、关爱、信任在虚拟网络环境下面临挑战，头脑风暴、对话、观察、现场培训、"师徒传帮带"亦需面对面环境。

3. 知识资产

知识资产划分为四类：一是原创场中由社会化过程所产生的以经验为特色的

知识资产;二是在对话场中经过外显化过程建立的概念知识资产;三是在系统场中由信息技术组合所创造的综合性知识资产;四是演练场中系统性知识资产通过实践过程内化为个体的可操作性知识资产。知识在场中被共享,并成为组织知识资产的一部分,作为组织创造的价值资源,反过来又影响着场在知识创生中的作用。

2.2.1.2 SECI 模型的局限

尽管 SECI 模型较好地描述了知识转化的过程,但是在实际运用中依然存在不少缺陷。SECI 模型未考虑动态因素、主观因素、开放因素、效率和重点,过度强调个人知识转化。与此同时,随着信息技术的发展,SECI 模型所赖以生存的环境土壤已经发生了巨大变化,面对新环境的 SECI 模型面临诸多挑战。

有学者对 SECI 模型提出了两点质疑①:

(1) 缺乏对知识创造机制的揭示。SECI 模型虽然详细描述了知识以不同形态在个人与组织间的转化过程,但是所反映的只是知识转化的常规过程。对知识拥有者的知识结构、知识背景以及价值观等因素缺乏必要的考虑②,SECI 模型对于组织间、行业间的知识演化和创新过程也没有做出解释。

(2) SECI 模型无法解释外部知识介入情况下的知识创造的过程。然而事实上外部知识对于组织的知识创造也有极其重要的价值,新知识仅依赖组织内部现有的知识创造出来是不符合实际的③。

也有学者认为 SECI 模型将知识创造的过程描述为 S-E-C-I 四个阶段过于理想化,忽视了知识吸收的内在机制,而仅仅关注"知识流"的流量。对于学习过程中存在的隐性知识"突变"飞跃所体现出来的个体顿悟心理特征也缺乏描述④,知识演化和创新的跳跃性、路径、速度与方向并未能在 SECI 模型中得以清

---

① 饶勇. 知识生产的动态过程与知识型企业的创建——对野中郁次郎 SECI 知识转化模型的扩展与例证分析 [J]. 经济管理, 2003 (4): 44 – 49.

② 胡延平, 刘晓敏. 基于 SECI 模型的知识创新过程的再认识 [J]. 企业经济, 2009 (3): 45 – 48.

③ 耿新. 知识创造的 IDE-SECI 模型——对野中郁次郎"自我超越"模型的一个扩展 [J]. 南开管理评论, 2003, 6 (5): 11 – 15.

④ 褚建勋, 汤书昆. 基于顿悟学习的知识创造模型研究 [J]. 科学学研究, 2006, 24 (S1): 225 – 228.

楚解释①。

　　SECI模型知识创造能被建立起来的一个很重要的前提是隐性知识是有价值的，有一些学者对此提出了质疑②③。事实上，经由组织成员创造出来的隐性知识并不一定对组织赖以生存的核心知识产生增强效果。个人有效的隐性知识对于组织而言，可能是无效的。另外，关于知识的显性与隐性之分，有学者认为两者之间客观存在着一种灰性知识作为过渡④。

　　SECI模型的研究对象是三十年以前的日本企业，这些企业具有特定的组织文化和时代特征。信息技术的快速发展创造了越来越多的机会，为此有学者认为SECI模型中的"场"应被赋予更多内涵，而不仅仅作为一个抽象的场所概念⑤，诸如Web2.0、Web3.0以及云计算等技术应该充分纳入到知识创造的过程中。

2.2.1.3　SECI模型的改进

　　鉴于SECI模型的局限性，有学者分别从模型结构、技术支持以及应用领域等角度对SECI模型进行改进，使其满足经济社会发展的需要。

　　1. 模型结构改进

　　结构优化衍生以知识创造SIO-IE模型⑥和IDE-SECI⑦模型最为典型。前者在SECI模型的基础上增加了操作化，其目标是实现知识的外显化；后者则进一步细分了知识的粒度，引入外部知识，破除知识创造系统的封闭性。也有学者在隐性知识和显性知识的基础上增加了自我超越的隐性知识，并提出了双重螺旋

---

　　① 姚哲晖，胡汉辉. 知识演化和创新的SECI模型之改进研究 [J]. 中国软科学，2007 (9)：118 – 124.

　　② 芮明杰，李鑫，任红波. 高技术企业知识创新模式研究——对野中郁次郎知识创造模型的修正与扩展 [J]. 外国经济与管理，2004，26 (5)：8 – 12.

　　③ 王培林. 知识创造模型研究 [J]. 情报科学，2007，25 (11)：1714 – 1717.

　　④ 高章存，汤书昆. 企业知识创造机理的认知心理学新探 [J]. 管理学报，2010，7 (1)：28 – 33.

　　⑤ 王陆，司治国，江绍祥. 教师在线实践社区中的教师实践性知识建构的个案研究 [J]. 电化教育研究，2014 (02)：101 – 106.

　　⑥ 郑承志，黄淑兰. 知识创造的SIO-IE模型——对野中郁次郎SECI模型的修正与改进 [J]. 电子科技大学学报（社会科学版），2010，12 (3)：15 – 18.

　　⑦ Scharmer C O. Organizing Around Not-Yet-Embodied Knowledge [M] // Knowledge Creation. Palgrave Macmillan UK，2000.

SECI2模型①。借鉴心理学顿悟学习的原理，以量子能级跃迁作为知识"突变"飞跃的理论隐喻，有学者构建了基于个体认知学习过程中顿悟心理的量子知识创造模型（Q-SECI模型）②。

结构优化是 SECI 模型衍生的方向之一，其显著特点是模型根据实际应用的需要对 SECI 模型结构进行重构。可以从两个方向来进行重构，一个方向是不改变 SECI 模型的四循环的整体结构，只对其中某一个或某几个环节进行内容改造；另一个方向是在不改变 SECI 模型核心思想的前提下，改变 SECI 模型的整体结构，对模型的组成部分进行增加或删减，以达到强化或弱化某方面功能的目的。结构优化对视频云研修环境下的研修模型设计有借鉴作用，即在以 SECI 模型为基础的新型模型设计中，从结构上对 SECI 模型进行优化重组，保留整体结构或保留核心思想，凸显某一环节或彰显某一特色，以适应视频云服务环境。

2. 技术支撑下的改进

有学者对 Web2.0 个人学习环境下的知识共享的实质进行了分析，并提出了寻求知识、供给知识、互通知识、享有知识的四阶段理论③。也有学者针对 Web3.0 技术提出了基于 Web3.0 的 SECI 模型④。该模型中 Web3.0 技术所体现的智能网络、个人门户、无障碍互动特征已经为 SECI 模型的"社会化、外在化、组合化、内在化"提供了平台和场景，推动知识共享向纵深发展。针对 SECI 模型未突出应用性与系统封闭的问题，在大数据的时代背景下，有学者将大数据、云计算技术与野中郁次郎的 SECI 模型结合起来，形成 SECI-Clouds 管理模型⑤。

为适应新的技术环境而对 SECI 模型进行再造是 SECI 模型衍生的方向之一，其特点是 SECI 模型具有显著的时代技术烙印，技术的发展使得 SECI 模型不断更新换代、升级改造。在凸显技术支持的 SECI 模型中，体现了内容和流程两个方

---

① Scharmer C O. Organizing Around Not-Yet-Embodied Knowledge [M] // Knowledge Creation. Palgrave Macmillan UK, 2000.

② 褚建勋，汤书昆. 基于顿悟学习的知识创造模型研究 [J]. 科学学研究, 2006, 24 (S1)：225 – 228.

③ 尹睿，彭丽丽. Web 2.0 个人学习环境的知识共享方式及评价 [J]. 开放教育研究, 2015, 21 (2)：78 – 88.

④ 李亚芳，师以贺，李玉娟. 一种 Web3.0 支持的 SECI 模型 [J]. 华中师范大学研究生学报, 2010 (1)：165 – 169.

⑤ 宋文. 企业知识管理 SECI-Clouds 模型研究 [D]. 昆明：云南大学, 2015.

面,前者促成了旧要素在新环境中的实现,而后者则有助于各环节间的联动,加速了知识的转化与流转。技术支持的衍生模型给予本研究较大的启示,本研究所探讨的研修模型建立在新技术环境之上,在本质上属于技术衍生范畴,因此研修模型的设计要充分发挥技术在支撑SECI内容以及过程中的作用。

3. 应用领域改进

SECI模型虽然起源于经济学领域,但其在揭示知识共享的本质方面有着其他模型无法比拟的深刻性。知识存在于任何一种社会活动,知识存在的广泛性让SECI模型不断被应用于其他社会领域,譬如移动资源的设计[①]、情报分析[②]、图书馆知识管理[③]、人才培养[④]等领域。当然,SECI模型也是教育领域认可度较高、应用较为广泛的模型,接下来将重点论述SECI在教师教育领域的应用。

2.2.2 SECI模型在教师教育领域的应用

正如前面所言,SECI模型因知识纽带的作用而不断由经济领域渗透到其他社会各领域,这正说明了SECI模型对知识的依附性以及SECI模型在展现知识传递与转化过程的特色。学习是教育领域永恒的话题。近年来,随着技术的进步和教学方法的更新,教师的课堂活动越来越复杂,教学相关知识的共享可以帮助教师解决他们面临的各种问题[⑤]。教师知识共享主要是将知识共享的本质迁移到学校情境中,知识共享的主体限定为教师这个特殊群体,知识共享的对象限定为教师知识,强调的是教师之间相互沟通,彼此知晓知识,达到共同进步、共同成长的目的[⑥]。教师知识共享理论中应用较多的是SECI模型,该模型体现了教师知

---

① 郑燕林,李卢一,王以宁. SECI模型视角下移动学习资源设计研究[J]. 远程教育杂志,2010,28(3):20-24.

② 秦铁辉,程妮. 论知识转化模型SECI中的情报交流[J]. 图书情报工作,2006,50(7):82-84.

③ 陈廉芳. 图书馆知识管理SECI模型探讨[J]. 图书馆学研究,2008(1):39-42.

④ 陈锋,吴明晖. 符合时代发展的高素质应用型人才培养体系的探索与实践——基于知识创新的SECI模型分析框架[J]. 中国高教研究,2011(8):63-65.

⑤ Tamjidyamcholo A, Baba M S B, Shuib N L M, et al. Evaluation model for knowledge sharing in information security professional virtual community[J]. Computers & Security, 2014, 43(6):19-34.

⑥ 王雪峰,曹娟. 基于社会性软件的教师知识共享模型[J]. 电化教育研究,2012(1):38-41.

识共享的实质即教师显性和隐性知识的相互转化，通过转化实现教师知识的增值；教师知识共享的前提是教师积累了丰富的知识，通过教师个人知识体系的构建来实现。在 SECI 模型研究中，建设学习型社区、参与观察学习、参与课堂和在线小组讨论有助于知识共享。

不少学者将 SECI 模型应用于教师培训中，创造性开展教师学习活动。在职前教师培训领域，有学者从 SECI 知识转换的四个阶段分析了新媒介环境下职前教师专业技能的生成过程，并认为新媒介环境为知识创生的不同阶段提供了合适的"知识场"①。在在职教师培训领域，也有学者分析了 SECI 模型在教师培训组织中的应用，发现隐性知识的显性化与共享化是培训模式探究的难点，而显性知识的整合化是组织者工作的重点②。同样有学者利用 SECI 模型驱动网络教师学习共同体的知识转化③。从教师专业发展的框架看，有学者关注到 SECI 模型中四种场的作用，将 SECI 模型视为教师共同体知识创新与专业发展的模型④。

从上面的分析可知，在知识共享研究领域，SECI 模型因详细描述了知识转化的过程，有利于提升知识效益，被各个行业所关注。因应用情境的需要以及应用环境的改变，SECI 模型需要进行一定程度的改进以适应行业需求，并且这种变化具有一定的规律，即沿着结构、技术支持以及应用领域三个方向衍变。这种衍变的规律性为构建视频云研修环境下的研修模型设计提供了重要借鉴。虽然有众多学者探讨了 SECI 模型在教师培训领域的应用，但是不难发现这类应用均基于传统的研修环境。在"研培用"一体化研修环境逐渐成熟的今天，视频云服务支持的 SECI 模型应该有新的结构和内容，进而尽可能地发挥技术环境的优势。

---

① 缪红燕，刘相臣. 从 SECI 看新媒介环境下职前教师技能的培养［J］. 继续教育研究，2011（4）：56 – 58.

② 陈娜娜，蔡丽红. 基于 SECI 模型的教师培训模式研究［J］. 教学与管理，2015（30）：60 – 62.

③ 刘乃美，张建青. 高校外语教师学习共同体中隐性知识显性化研究［J］. 外语教学，2016，37（4）：51 – 55.

④ 杨南昌，谢云，熊频. SECI：一种教师共同体知识创新与专业发展的模型［J］. 中国电化教育，2005（10）：16 – 20.

2.3 教师网络研修支撑环境研究现状

创建先进的网络研修支撑环境，是有效开展"研培用"一体化研修的物质保障，也是创建新模式的前提条件。教师网络研修平台是支撑教师网络研修的重要载体，该平台的设计应该符合有关"中小学教师信息技术应用能力提升工程"等的政策的要求，并反映出研修模式的发展趋势。而随着云技术在教育领域的深入运用，云教室成为信息化教育的典型应用，如何利用规模化的云教室为教师研修服务逐渐成为大家关注的话题。

2.3.1 网络研修平台

网络研修平台是网络研修的技术基础，它为教师提供资源丰富的跨时空性教研活动，其设计与优化有利于教师自主学习与协作学习活动的有效开展[①]。技术的发展为教师研修提供了新思路与新手段，各级各类研修平台应运而生。

国外对网络研修平台的研究一直居于前沿，平台实践成果也十分丰富。开源理念盛行，一些平台免费向用户开放源代码并利用外部资源参与最终产品的开发，其中包括美国的 Blackboard、澳大利亚的 Moodle、比利时的 Claroline、加拿大的 Atuto 等。这些平台能给学习者提供学习材料、资源链接等研修资源，还具备电子邮件、公告栏、网上练习和测试等进行交流互动的功能模块。部分平台还实现了通过网上交谈室、电话会议、视频会议或 MUDs（MOOs）系统进行同步双向交流[②]。

我国网络培训平台是针对近些年我国实际国情与教师培训特点，为适应教育信息化需要而开发的，国内研发较成功的平台有以清华教育在线（THEOL）、电大在线、WebCL 等为代表的传统型平台和以继教网、中国教师研修网等为代表的体现 Web2.0 理念的新一代学习平台。下面从认知工具、交流工具以及辅助工具三个维度对国内外部分平台进行比较，具体功能划分如表 2 - 1 所示。

---

① 胡尚君，王岚，张一春. 认知负荷理论视域下教师网络研修平台的设计研究 [J]. 中国教育信息化，2015（18）：63 - 66.

② 李兴德. 教师教育技术能力培训网络平台的实用性研究 [D]. 南京：南京师范大学，2008.

表2-1 平台功能比较

工具	功能	Moodle	Blackboard	Claroline	全国中小学教师继续教育网	中国教师研修网	广东省中小学教师继续教育网
认知工具	学习笔记	√	√		√	√	√
	个人文件	√			√	√	
	博客（研修日志）	√	√	√	√	√	
交流工具	论坛	√	√	√	√	√	√
	在线演示		√				
	视频会议						
	聊天	√		√			√
	消息	√		√	√	√	√
	邮件	√		√	√	√	√
	答疑				√	√	√
	互评	√		√	√		
	成绩单	√	√		√	√	√
	进度报告			√		√	√
	电子档案		√		√	√	√
辅助工具	公告	√	√		√	√	√
	日历	√	√		√		

从表2-1可见，网络培训学习平台发展迅速，数量众多，且功能设计日趋完善。多数平台具备记录研修日志、答疑讨论等功能，但视频交互功能欠缺，学习反馈不及时，学习过程缺乏管控，学习的临场感不强，不能做到实时面对面教学与答疑。

在研修平台的应用研究方面，有学者通过调查发现，高达42.3%的学习者对研修平台的形式表示不满意，视频课例冗长、资源利用率低、交互功能简单、与真实课堂脱节是比较突出的问题①。因此，有学者认为研修平台要增强体验性，融合虚拟和现实两个空间，建立自主选课机制，加强对教师学习行为的收集和分

---

① 谢华，陈鑫. 面向教师研修的优质课例视频资源建设与应用研究——以深圳市"中小学优秀课例在线展播"网站为例[J]. 电化教育研究，2012（9）：101-103.

析,提升支持服务品质①。交互功能是衡量研修平台质量的重要指标。有学者对研修平台中教师发帖的行为进行了研究,发现研修平台的论坛模块存在教师参与度低、社交性行为偏多、交互水平低等问题,难以支撑高质量研修的需求②。有学者对研修平台的互动性作了进一步分析,发现浅度互动所占比例较高,社交情感的交流在互动中占据一定的地位,并认为应从平台的功能和管理方面进一步完善③。

配置录播系统的云教室在视频交互、学习反馈等功能上部分弥补了现有平台的不足,但是缺乏课程管理功能模块是其无法回避的。同时,我们注意到,对研修环境的优化往往仅限于网络研修平台,对平台功能的挖掘和扩展并未能有效解决一些问题。网络研修平台在功能设计上应该充分考虑学习者对临场感和交互的需求,实现实时互动、多点交流、直观可信的功能,为研修过程中的人际关系交往和知识互动提供情境。对研修环境的研究需要跳出研修平台的层面,转而寻求其他环境的结合与利用。

2.3.2 云教室的应用

云教室是普通教室在云技术和先进教育理念支持下的智慧型教室,其应用的初衷,一方面是为智慧教育提供支撑环境,另一方面则弥补"边穷薄"地区因优质师资匮乏带来的教学缺失。目前云教室主要应用于课堂教学和教师培训两个方面,推动云教室在教师培训领域的应用,课堂教学应用是绕不过的坎。教学模式探究方面,有学者在云教室开展了翻转课堂的教学应用研究,并提出了基于翻转课堂理念的云教室教学应用模式④;也有学者探讨了混合学习模式下云教室的应用模式,该模式可降低投入成本,提高培训效益,实现师生地位重构、信息双

---

① 赵健,张美芹. 基于内容分析的教师网络研修平台构建与展望 [J]. 中国电化教育,2017 (2): 103 - 109.

② 郝兆杰,史天杨,汪基德. 中小学教师网络研修中发帖行为研究——基于"中小学教师信息技术应用能力提升工程"中的数据分析 [J/OL]. 电化教育研究,2017,38 (09): 115 - 121.

③ 张杰,黄柳青. 基于教育博客的教师互动策略模型研究 [J]. 远程教育杂志,2012,30 (6): 31 - 38.

④ 刘铭,马小强,候德强. 基于翻转课堂理念的云教室教学应用模型构建 [J]. 现代远距离教育,2016 (6): 64 - 69.

向传递、资源优质建设的目标①。云教室在职业教育实训课中也得到了应用，有学者探讨了中职计算机教学的新模式②，也有学者借助云教室的优势弥补了常规电子教学的缺陷③。远程应用方面，有学者发现云教室可以解决传统远程教学中异步教学的问题，能够增强远程学习的临场感，实现师生、生生间的高效互动④；有学者利用云教室开展远程论文答辩创新应用，很好地解决了传统答辩中存在的时空和师资有限的问题⑤。

随着网络和新媒体技术等新兴技术的发展，教师培训对大量优质教育资源和实时互动交流等服务的需求越来越突出。利用云教室汇聚优质资源，能有效提高远程互动的便捷性、实时性、可靠性等特性，根据其特性在众多地区进行了尝试。譬如新疆广播电视大学将云教室应用于成人培训⑥；青海省广播电视大学利用国家试点云教室的机会，开展云教室的建设和应用研究⑦；云教室被应用于援藏教育发展，改善西藏教育因经济原因造成的教育资源缺乏的问题⑧等。目前，将云教室应用于教师研修的研究不多见，有学者将云教室应用于国家开放教育，探讨了应用存在的交互性不足、授课效果欠佳、资源生成途径不通畅等问题，并围绕技术、培训和资源提出了三点对策⑨。有学者将云教室应用于国家开放大学的改革，搭建了互联互通的教学和研讨环境⑩，也有学者对云教室支持下的信息

---

① 肖志明. 混合学习模式下云教室的应用探索［J］. 广西广播电视大学学报，2016，27（4）：12 – 15.

② 许彦斐. 中职计算机应用基础教学新模式——"云教室"［J］. 中国培训，2016（16）：161.

③ 周黄丽，李六杏. 基于云教室建设的实训室管理研究［J］. 河北企业，2017（3）：105 – 106.

④ 韦辽，邓孟红. 基于云教室的工科类课程现代远程教学模式探索——以 CAD/CAM 软件应用为例［J］. 云南开放大学学报，2016，18（1）：51 – 54.

⑤ 武永娇，王晶. 云教室在远程论文答辩中的应用研究［J］. 甘肃科技，2017，33（13）：68 – 69.

⑥ 杨晋娟，宋莹. 新疆电大云教室教学应用现状调查分析［J］. 新疆广播电视大学学报，2015（1）：22 – 27.

⑦ 鲁海城. 云教室建设助推电大教育转型升级［J］. 青海教育，2014（11）：53 – 54.

⑧ 张少刚，周国玺，魏顺平，等. 基于国家开放大学云教室的援藏发展教育路径研究［J］. 西藏教育，2016（6）：54 – 58.

⑨ 马小强，刘铭. 国家开放大学"云教室"应用的现存问题及对策［J］. 中国电化教育，2016（5）：72 – 77.

⑩ 贺媛婧. "云教室"应用模式探讨［J］. 软件导刊，2015（5）：199 – 201.

技术培训进行了尝试,并构建了"研培用"一体化教师培训新模式①。

云教室作为智慧教育的重要支撑环境,其应用逐渐延伸到教师网络研修领域。就当前研究现状来看,利用云教室构建线上虚拟空间与线下实践环境融合的研修环境的相关研究还处于起步阶段,还存在不少技术障碍和应用问题,在开放教育领域已经有初步的应用,但在教师研修领域仍处于探索期。网络研修平台与云教室的整合及应用将是本研究关注的重点。

---

① 代毅,吴凡,李靓婧,等. 云媒体下教师信息技术培训平台和应用模式研究 [J]. 现代教育技术, 2014, 24 (9): 114 – 120.

第 3 章

理论基础

教师网络研修涉及教师群体、教师培训、课堂教学、知识学习等要素,其目的是解决当前教师研修中存在的问题,提高研修绩效。探索和研究教师网络研修的理论基础有助于正确把握教师研修环境及应用模式的构建,以及有效促进研究的科学性与合理性。

3.1 群体动力学理论

3.1.1 基本思想

社会由群体组成,每一个人都是构成群体的最小单位,其在群体中的行为活动,都要受到所在群体的影响,当然他也影响着自己所处的群体。相关研究表明,人在群体中产生的作用往往比他作为个体要大得多。马克思曾说:"12 个人在 144 小时的总劳动日中共同劳动,比 12 个孤立的劳动者各自做 12 小时,或者一个劳动者每日做 12 小时连续做 12 日,会提供一个大得多的总生产物。"① 特里普利特(N. Triplett)做过一个"定速与竞赛中动力因素"的实验,发现单独骑自行车的速度比一群人一起骑自行车的速度慢 20%;后来又以 10~12 岁的儿童为对象,进行卷钓鱼线的比赛实验,发现群体比个体的效率高 10%,因此认为群体工作比独立工作更有利于提高工作效率②。

群体中各成员之间存在许多相互的关系,如同伴依慕关系(peer attachments)、

---

① 卡尔·马克思. 资本论 [M]. 北京:人民出版社,1975.
② 全国 13 所高等院校《社会心理学》编写组. 社会心理学 [M]. 天津:南开大学出版社,1995.

权威关系（authority relation）、利群行为（prosocial behavior）、合作关系（cooperation）、竞争关系（competition）、共生关系（symbosis）等。这些关系的存在使群体中的个体产生相互作用和影响，从而产生了群体的内动力。由此可见，群体具有放大个体价值的功能，能为"个体价值"走向"众人价值"提供动力支持。

群体动力学（Group Dynamics）是德国心理学家库尔特·勒温（Kurt Lewin）创立的，也称为"场"理论。该理论认为：人的心理和行为决定于内在的需要和周围环境的相互作用。① 所谓"群体动力"是指群体活动的方向和其构成诸因素和相互作用的合力。对群体动力的研究，主要聚焦于影响群体活动方向的各类因素，而这主要取决于内部心理情境与外部环境的交互作用。所以，群体动力学理论的目的就是探寻和发现群体中群体与个体行为的动力源泉，从心理和社会环境的角度寻找促使群体和个体行动的力量。

在群体学习中，每一个学习者都会在无形中受到组织力量的影响。一方面，受到群体的协定约束，另一方面，也受群体动力推动。群体动力系统包含三大要素：凝聚力、驱动力和耗散力②，如图 3-1 所示，群体动态合力共存的三种构成要素相互作用、相互竞争、相互转化、相互转移，推动着群体的演化和发展。

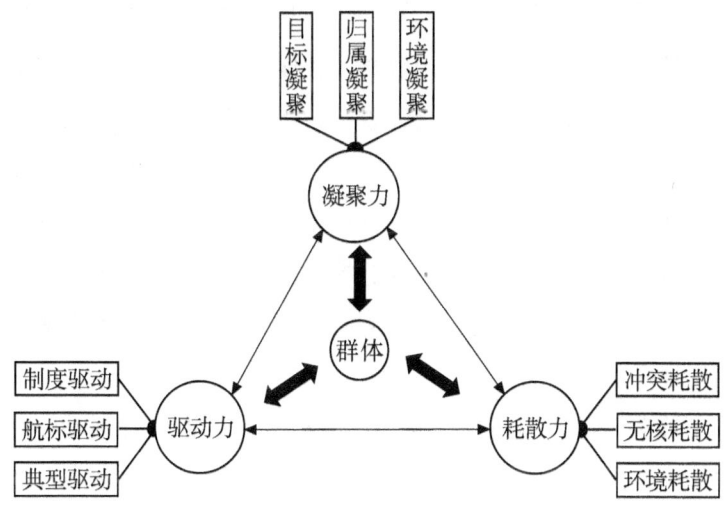

图 3-1　群体系统的动力因素互动图

---

① 郑安云，何飞. 管理心理学 [M]. 北京：北京大学出版社，2014.
② 王尧骏，程滟. 基于群体心理的大学生学风建设策略研究 [J]. 教师教育学报，2011，09 (9)：181-183.

德里克·朗特里（Derk Powntree）是在教育技术领域引入群体动力学的第一人，其著作《课程发展中的教育技术》对两组使用不同的交流模式的学习群体进行了比较研究，一组是由教师控制的模式，另一组是群体管控的模式①。教师控制的教学交流模式比较适合教师与学生交流思想，但对于学生间的交流活动则可能有消极作用。研究结果表明：学生同伴对彼此的积极影响在群体控制的交流模式中得以彰显，学生可以自由地交流想法，最终的学习效果也远远好于教师管控的方式。

相比于教师控制的学习交流模式，群体控制的学习交流模式中教师的权威性被削弱，但对教师的适应能力提出了较高要求。教师必须具备良好的组织能力，计划、管理好他所负责的群体的学习；必须具有较强的适应能力，才能应对群体变化的要求。当然，除了教师对学生的积极影响外，学生与学生之间的关系也能产生有益的激励。总而言之，群体控制的学习模式有利于培养学生独立解决问题的能力，从而达到更高的认知目标；有利于学生提高智力，交流技术，形成创造性的思维能力；有利于学生发展人际交往技能，培养健康的人格品质。

3.1.2　群体动力学理论对本研究的启示

群体动力学理论提出了分析和理解学习者学习行为的一般性框架，该理论可以用来分析和指导教师研修环境的设计以及研修模型的构建。通过营造良好的学习环境，调动教师学习的积极性，使得教师内部的力场与外界环境供给达到平衡。构建以群体为单位的交流模式，促进群体在发挥驱动力中的加乘效应，减小耗散力带来的负面影响，加速教师间思想的交流，发挥优秀教师的引领和示范作用，让任何教师都有属于自己的正能量群体。具体到视频云网络研修中，群体动力学的作用体现在以下三个方面：

（1）基于视频云的网络研修是教师大规模参与的群体性活动，在研修环境的构建过程中应充分考虑教师是以群组的方式开展研修，所构建的研修环境应尽可能有利于群组的形成，方便教师组建、加入或退出某个群组；

（2）视频云网络研修绩效的达成需要上至教师群体下至研修群组内部处理

---

① 张诗亚，周谊. 震荡与变革：20世纪的教育技术［M］. 济南：山东教育出版社，1995.

好各种社会交互关系,通过增强研修内容的生动性、活动的趣味性,满足教师的内在需求,提高群组的凝聚力和驱动力,减少因不信任、不理解所带来的抵触;

(3) 对教师网络研修效果的评价可以考虑将群组成员对群组的认同度纳入其中,作为检验研修群组绩效的重要依据,如此可使评价结果有助于研修群组更有效地形成。

3.2 社会建构主义理论

3.2.1 基本思想

社会建构主义理论是20世纪初由苏联教育心理学家维果斯基(L. S. Vygotsky)提出来的,强调社会活动对学习的作用,强调培养独特的知识观、学生观和学习观。何为社会建构主义?这是一个难以界定的问题。《社会建构主义导论》一书的作者认为社会建构主义是一个"大家族",家族成员千差万别,仅能从若干家族共同特征来说明,包括知识是由社会过程所维系的,知识与社会行为交织在一起,对习以为常的知识的批判态度以及强调历史和文化的特殊性①。社会建构主义的主要观点包括以下三个方面:

1. 知识来源于社会的意义建构

社会建构主义认为,知识是人类社会中通过个体间的相互作用及其对自身的认知过程而建构的,是一种意义上的建构,而不是通过所谓的客观方法"发现"的。知识和知识的对象或知识所指涉的事物之间并不是一一对应的关系,更不是"反映和被反映""表征和被表征"的关系。② 斯塔姆(Stam)认为我们关于世界的叙述同世界并没有必然联系。③ 在人们认识客体对象的过程中,已有的观念、概念、语言、话语往往是认识的基础,并以此促进认知的积极主动构建,而认知绝非被动反映。社会建构主义将知识看作社会的意义建构,有个体的成分,但更多的是社会因素。

---

① Burr Vivien. An introduction to social constructionism [M]. London:Routledge, 1995.

② 叶浩生. 第二次认知革命与社会建构论的产生 [J]. 心理科学进展, 2003, 11 (1): 101-107.

③ Henderikus J. Stam. Personal-construct theory and social constructionism:Difference and dialogue [J]. Journal of Constructivist Psychology, 1998, 11 (3): 187-203.

2. 学习者具有积极的相互作用

主体性和能动性是学习者所具有的天性，学习者往往以原有知识经验为背景，用自己熟悉的方式构建对新知识的理解，这是一个主动学习的过程。由于经验背景的差异，学习者对意义的理解常常各不相同①。于是，社会建构主义学者认为，社会环境是学习者认知和发展的基本前提和重要资源，学习者应带着不同的先验知识，进入所处的环境进行互动，通过彼此间的合作、交流、启发、补充，逐步加深对知识的理解。在学习者相互作用的过程中，沟通方式、认知工具、学习者的构成等起着重要作用，沟通方式意味着知识传达顺利与否，而认知工具决定着对知识理解的程度，学习者的组织则决定着集体智慧的构成。

3. 学习是知识的社会协商

学习是以协商为基本活动，是共享对象、事件和观念的过程。社会建构主义认为，学习是知识的社会协商。社会协商是社会建构主义解释学习的一个重要概念，指个体通过与社会的互动、中介、转化，以建构和发展知识来学习②。社会协商关注学习条件和学习过程，学习条件包括学习者的主体作用、社会情境、学习共同体作用，学习过程则非常强调学习者个体的社会协商以及在协商中的发展。正如玻尔·欧尼斯特（Paul Enrest）所指出的社会建构主义的中心论点：只有当个人建构的、独有的主观意义和理论跟社会和物理世界"相适应"时，才有可能得到发展，因为发展的主要媒介是通过交互作用导致的有意义的社会协商③。

3.2.2 社会建构主义理论对本研究的启示

知识离不开社会的意义建构，对学习者而言，在其学习知识的过程中，社会情境的影响要大于自身的影响。因此，仅依靠自己的经验来构建新知识显然是不够的，唯有充分结合个人认知与社会互动，才能实现真正意义上的发展。具体到

---

① 梁爱民. 维果斯基心理发展视角下社会建构主义学习理论的构建与应用研究 [J]. 山东外语教学, 2011, 32 (3): 64 - 66.

② 刘晓峰. 基于社会建构主义学习理念的教师角色定位 [J]. 湖南农业大学学报（社会科学版），2008 (6): 8 - 9.

③ 高文. 维果斯基心理发展理论与社会建构主义 [J]. 外国教育资料, 1999 (4): 10 - 14.

视频云网络研修,社会建构主义理论的作用主要体现在:

(1) 视频云研修环境应该是一个具有知识交互和社会性交互双重作用的环境。在研修环境构建的过程中,既要考虑到为知识交互提供互通的途径,也要充分认识到环境的社会交互的特性。前者驱动知识共享的实现,后者为知识交互建立信任、支持、协商的桥梁。

(2) 任何学习者是学习个体的同时也必须是某一群组的成员。知识来源于社会的意义构建,而社会的意义构建离不开学习者与周围环境中的要素的相互作用,尤其是与其他学习者的交互。在与其他学习者的交互中,学习者只有成为群组的成员,才能够与其他成员建立更频繁和有价值的相互作用。

(3) 视频云网络研修的设计需要兼顾社会构建和个体构建对知识生长的作用。社会构建发展教师知识的丰富性、多样性和联结性,但这些知识并不能完全转化为教师的教学行动,还需个体构建将其内化为教师的行动知识。

3.3 体验式培训理论

3.3.1 基本思想

体验式培训从字面上来理解,其核心在于体验,体验意味着亲身经历和深入感受,行为、思想与外界实现了有效交融。具体分析为,体验式培训是在真实或近似真实的模拟环境中,学习者通过具体活动获得个人体验和感受,其间与团队成员沟通、分享,并通过反思、总结,实现经验的理论化和成果化,最终用其指导更为一般意义上的实践[1]。体验式培训发端于20世纪40年代,但其理论研究远远落后于实践,直到1984年美国人大卫·库伯(David Kolb)构建了一个体验式学习模型——"体验式学习圈",体验式培训才真正拥有自己的理论支点。库伯认为体验式学习是"通过体验从而转化为知识的过程"[2],在这个过程中"做中学"居于一个极其重要的位置,而且资源的共享与应用也是不可或缺的。这与体验式培训的做法高度吻合,从此,体验式培训有了属于自己的科学化理论指

---

[1] 姜子习. 体验式培训的内涵分析[J]. 青年记者,2007 (12):142 - 143.

[2] Kolb D. Experiential Learning: Experience as the Source of Learning and Development [J]. Pearson Schweiz Ag,1984,1 (3):16 - 17.

导，并被纳入体验式学习的体系内。

在哲学意义上，体验式培训经历了一个从实践、个体的体验，到理论（包括个人的认识），再到实践、教育的具体活动过程。[①] 体验式培训与传统培训的最大区别在于：前者以学习者为中心（以学为中心），而后者以培训者为中心（以教为主）。[②] 体验式培训拒绝将人视作知识的收纳容器，而是充分考虑学习者已有的学习经验，维护其对知识的选择权和甄别能力。体验式培训摒弃了传统培训中以理论讲授为主、学习者被动接受的弊端，积极发挥学习者的主体作用。培训者的职责是为学习者创造一种情境，引导学习者去学习。正如伽利略所说："你无法教别人任何东西，你只能帮助别人发现一些东西。"[③] 因此，"教"不一定导致"学"，更不一定产生"会"。体验式学习方式与传统学习方式的区别见表3-1。

表3-1 体验式学习方式与传统学习方式的差异

传统学习	体验式学习
过去的知识	即时的感觉
记忆	领悟和体会
自主学习	实践学习
注重知识技能	注重观念态度
无接触	直接接触
单一刺激	情境体验
以教师为中心	以学习者为中心
标准化学习	修改化学习
理论化	现实化
强调"学"	强调"做中学"
单向沟通	多向沟通
以接受程式化的知识为导向	以解决问题为导向

---

① 马红宇, 王斌. 体验式培训 [M]. 武汉：华中师范大学出版社, 2013.
② 谢舒潇, 林秀曼, 刘冠. 高校教师教育技术体验式培训的设计与实践 [J]. 电化教育研究, 2013 (3): 95-100.
③ Franklin W E. Doing business in Japan [J]. Vital Speeches of the Day, 1994.

3.3.2 体验式培训理论对本研究的启示

我们的教学环境日益成为先进信息技术汇聚的地方,新的技术手段层出不穷,给教育教学变革提供了支撑手段,也为教师技术的学习带来了较大负担。教师研修要告别过去被动接受、缺乏亲历感知的培训模式。培训组织者需要考虑到研修环境与教学环境的匹配性,让教师能全方位体验到新的技术环境。具体到视频云网络研修中,体验式培训的作用体现在:

(1)研修环境需要增强体验感,尤其应该为新技术提供体验场地。要实施体验式培训或者提高研修的体验感,最不可或缺的便是体验式环境。研修环境要尽可能达到或者超越真实教学环境标准,让教师能够通过研修事先感受到新技术或新教学环境的优势,体验到"是什么""能做什么",从而提升研修的动机。

(2)研修活动的设计在遵循研修规范的前提下,需要尽可能配备体验式活动环节。学习者能否感受到学习的体验感,主要在于体验式活动的过程。在环境条件有限的情况下,发挥主观能动性,改造传统活动为体验式活动,是研修活动思考的方向。

(3)体验式培训可以为知识共享提供更多具有感性和理性交融的综合性知识。经历和体验是知识的重要来源,教师往往赋予其更多的个人情感,容易引起其他学习者的共鸣,从而有益于知识的传播。

3.4 CSCL 理论

3.4.1 基本思想

CSCL 是指利用计算机技术来辅助和支持协作学习,是计算机技术与协作学习方式的汇合。CSCL 始于 20 世纪 80 年代末期,至今仅有三十多年的发展历史。CSCL 是一个多学科交叉的研究领域,重点探索如何通过技术支持协作学习,如何增强学习伙伴之间的交互和协作,以及协作和技术是如何促进成果知识的共享、传播和共创。①

---

① 刘黄玲子. 基于交互分析的协同知识建构过程研究 [D]. 北京:北京师范大学, 2006.

CSCL 学习具有交互性和协作性的特点[①],传输信息丰富,交互人数可动态变化,并且可满足规模化交互的需求,交互的控制权可均衡分配,可实现同步、异步交互,将交互的过程全程记录并保存;支持共享信息与共享活动,支持角色扮演、创造行为以及控制管理。在 CSCL 中,教师的角色发生了变化:教师成为学习者中的一员,其角色转变成指导者、咨询者、设计者、调解者;教师要掌握的不仅仅是教学内容的逻辑序列和目标的合理安排,更多的是学习者的协作情况、学习进程的规划设计;教师进入 CSCL 环境要明白如何才能成为学习者学习的得力助手,并适应新的环境。

CSCL 中技术发挥三个方面的作用:认知工具、角色扮演以及协作平台。[②] 就个人而言,技术可以为个体认知提供脚手架,增强个体的认知能力;对于组织而言,技术可以将个体组织起来成为共享认知的智能联合体。至于角色扮演,Chan 和 Baskin[③] 提出了三个代理人模型:学习伙伴系统,计算机被看作是教师和学习伴侣。在 CSCL 中,计算机是重要的协作平台,没有计算机的参与,协作学习的一系列行为便无法有效地发生。目前 CSCL 平台功能日趋强大,随着互联网的普及,在线协作学习(WebCL)逐渐成为 CSCL 的一种重要应用方式,它利用互联网的功能特性和资源,建立有意义的学习环境,支持和促进学习者的交流、协作活动,以达到对教学内容比较深刻的理解与掌握。[④] 近年来兴起的混合学习与虚拟学习则成了 CSCL 研究的前沿领域。[⑤]

达蒙(Damon)认为,协作学习的关键因素是学习者之间围绕适宜任务所展开的交互[⑥]。刘黄玲子分析了近十年的 CSCL 国际会议上发表的论文,结果发现,

---

① Koschmann T E. CSCL:Theory and Practice of an Emerging Paradigm [M]. Lawrence Erlbaum Associates, Inc. Publishers, 10 Industrial Ave. Mahwah, NJ 07430. 1996.

② 沈映珊,李克东. CSCL 中的协作角色分析与其本体建构 [J]. 中国电化教育,2010 (5):16 – 21.

③ Chan T W, Baskin A B. Studying with the prince:The computer as a learning companion [C] // in Proceedings of International Conference of Intelligent Tutoring Systems. 1988.

④ 李克东. 基于互联网的协作学习 [D]. 广州:华南师范大学,2006.

⑤ 蔡建东,马婧,袁媛. 国外 CSCL 理论的演进与前沿热点问题——基于 Citespace 的可视化分析 [J]. 现代教育技术,2012,22(5):10 – 16.

⑥ Damon W. Peer education:The untapped potential [J]. Journal of Applied Developmental Psychology,1984,5(4):331 – 343.

在CSCL研究的最初阶段，人们研究的焦点集中在协作学习的有效性上①，后来研究者意识到只有打开交互这个黑盒子，才能找到 CSCL 情境中各种变量在协作学习中所起到的作用。② 由此可见，CSCL 中协作问题是否成功解决取决于交互这个前提条件。

3.4.2 CSCL 理论对本研究的启示

在多大程度上能够促进协作学习的发生，直接影响到培训所带来的效益。随着信息技术在教师培训领域的广泛应用，为达到良好的培训效果，组织者必须关注如何利用技术（计算机技术以及其他信息技术）支撑协作学习。具体到视频云网络研修，CSCL 理论的作用主要体现在：

（1）发挥视频云在协作交互中的作用。交互是 CSCL 协作学习的关键点。知识在传统技术环境中面临传递、解析、表征的障碍，视频云应发挥可视化优势增强协作学习过程中学习者的洞察力和认知能力，从而使其能快速理解协作学习空间的结构。

（2）教师研修的内容应该也是教师协作的工具。在提升教师专业水平的研修中，信息技术是重要的研修内容。信息技术应用能力提升的目的应不仅指向课堂教学，更应该服务于教师研修的协作过程。因此，教师所掌握的技术需要在研修过程中及时运用，以检验其效果。

（3）注重对 CSCL 学习环境的合理设计与构建。服务于协作学习的技术很多，技术的日新月异为协作学习提供了多样化选择，同时也带来了选择的困难。技术的理智选择与合理搭配是 CSCL 学习环境需要重点考虑的问题，设计与构建适合协作学习的技术环境是 CSCL 的应有之义。

---

① 刘黄玲子，朱伶俐，陈义勤，等. 基于交互分析的协同知识建构的研究 [J]. 开放教育研究，2005，11（2）：31-37.

② 王永固. 网络协作学习中互动网络结构分析研究 [J]. 远程教育杂志，2011，29（1）：49-61.

第 4 章

研修环境设计及关键技术

信息化背景下,新技术、新媒体催生教学方式与教师研修方式的变革,新一轮课程改革对教师的教学观念、教学方式、知识结构、教学技能等提出了新的要求。伴随着"教师研修空间""教师工作坊"概念的提出,教师教育的中心由"个体学习"逐步转向"共同体"的群组协作学习,教师群组的知识共享受到教育领域的广泛关注。知识共享被认为是知识管理的核心和最艰巨的任务,教师之间的知识共享既是一种学习的过程,也是获取教学相关知识的手段。[①] 知识共享过程的实现需要环境的承载与支持。[②] 促进教师知识共享的教与学活动对学习环境提出了新要求,尤其是在学习内容的交互性、学习过程中的互动交流以及线上线下融合的学习方式等方面。研修环境由多媒体向云媒体发展,学习内容由平面向立体转变,互动由单向变为多向。网络研修环境的构成要素、设计维度以及教师对网络研修平台的需求也随之发生改变。

本章首先调研了教师对网络研修环境的需求;然后探讨了视频云研修环境的构成框架,设计了功能模型,并对所需技术要点进行了梳理;最后从技术角度实现对大规模流媒体直播交互、教育视频点播系统格式转换以及实时视频流接入等技术的突破。

---

① 张思,刘清堂,朱姣姣,等. 教师工作坊中的知识共享行为研究[J]. 现代远距离教育,2015(5):49-55.

② 尹睿,彭丽丽. Web 2.0 个人学习环境的知识共享方式及评价[J]. 开放教育研究,2015,21(2):78-88.

4.1 视频云研修环境设计的基础

4.1.1 现实需求

体验性是衡量研修环境好坏的重要指标,研修环境应以具备良好体验为目标。为了获得良好的研修体验,研修环境构建者需要了解和掌握学习者的研修需求。为此,本研究在珠海市 2015 年"提升工程"结束后,采用网络问卷方式对 4217 名受训教师进行调查。问卷采用自制"中小学教师研修环境需求调查"问卷,正式调查前对 283 名教师进行了预测试,经分析得出该问卷的克朗巴哈系数(Cronbach's Alpha)为 0.929,问卷信度较高,真实度较高。发放问卷 4217 份,回收 4217 份,剔除存在无效数据的问卷,有效问卷为 4058 份,有效率为 96.2%,主要问题和需求如图 4-1 所示。

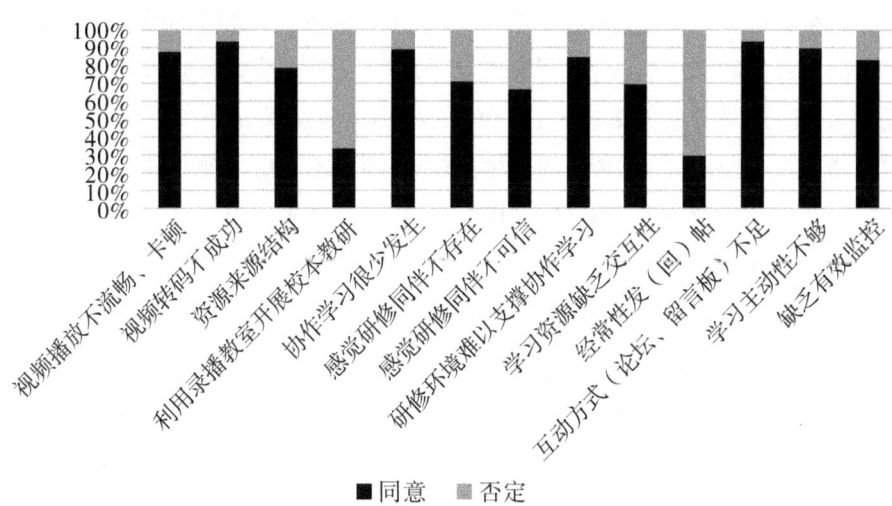

图 4-1 中小学教师研修环境需求调查反馈

4.1.1.1 技术环境需求

1. 提供流畅的视频播放技术

研修平台使用繁琐、稳定性差严重影响教师参与研修的积极性。视频播放不流畅,卡顿现象严重,87.13% 的教师认为这已经严重影响了其研修的积极性。一次完整的学习往往要耗费学习者大量无谓的时间,真正用来学习的时间较少,严重限制了研修的规模和教师的积极性。同时,教师的爆发性涌入严重超过了网络资源的承载能力。

2. 对视频数据进行有效压缩并以适当格式存储

调查显示视频资源转码效率低下，上传视频往往需要长时间的转码等待，有时还会转化失败。92.26%的教师称经常会出现视频转码不成功的问题。86.51%的教师认为流畅的视频上传、下载、播放是研修环境的基本要求，是其他需求得以满足的前提条件。教师普遍将自己录制的视频课或微课通过网络平台分享给其他用户。这表明教师使用互联网的方式已由以下载为主转变为下载与上传并重。如何将庞大的视频数据进行有效压缩并以适当格式存储已成为教师研修平台一个亟待解决的问题。

4.1.1.2 资源供给需求

1. 提供来自一线教师的鲜活课例素材

教师尤其是年轻教师对来自一线名师的优秀课例的需求量很大。对于当前研修平台所提供的以大学学者讲授资源为主，以中小学一线教师的教学实践资源为辅的状况满意度较低。超过77.23%的教师认为应该调整资源的来源结构，大幅度增加来自一线教师的资源。超过50%的教师留言反馈，由于资源的提供者远离中小学一线，脱离教学实际，资源内容让教师提不起应用的兴趣，也不清楚如何应用。源于一线教师的资源则集实践性丰富、可操作性强、易于模仿等诸多优点于一身，更能为教师提供有益的帮助。

2. 实现不同厂商的录播系统资源的汇聚

录播系统是以视频为主要研修对象和媒介的关键设备，随着珠海"粤教云"计划的推广，录播系统已经广泛部署在珠海市各中小学。目前录播系统厂商较多，不同厂商所指定的视频平台各不相同，基本都是使用自己品牌的平台，导致各校上传的视频流难以汇聚到同一研修平台，造成了视频资源极大的浪费，严重影响了录播设备的使用率以及其价值的发挥。经统计了解，只有32.56%的学校利用录播教室开展校本教研。进一步发现，校内优质资源过少、不知如何应用、缺乏统筹机制是主要原因。因此，实现不同厂商录播系统资源的汇聚，对于提高资源的丰富性、多样性、可借鉴性大有裨益。

4.1.1.3 服务支持需求

1. 提供对协作学习的有效支持

构建主义认为，知识是依靠社会性的协商，通过合作的方式实现意义构建。

88.32%的受访教师反映,当前教师是按照研修要求独立完成任务,被灌输知识,协作学习很少发生。接近70%的教师感觉不到研修同伴的存在,认为研修只是个人分内事务。另外,也有66.03%的教师认为网络研修中的同伴不可靠,难以信任,不值得交往,同伴危机在网络环境下愈发严重。在对待协作学习的态度上,59.71%的教师认为研修项目不需要协作学习,超过83.92%的教师认为网络环境难以支撑协作学习。知识体系是自动生成的,它有赖于群体协作学习这样一个认知加工系统。新型研修环境应提供有效支持协作学习的环境,使协作学习常态化。

2. 提供交互学习的有效支持

从反馈的数据来看,广大教师对于提高教师与教师、教师与研修专家间的交流互动的诉求比较强烈,普遍认为当前交互学习不尽如人意,具体反映在:①学习内容缺乏交互性。68.56%的教师反映,各类网络培训课程的教学资源大多以文本、视频素材为主,内容本身缺乏交互性;②受训教师与研修专家以及学科专家间的网上交互层次较浅,仅有28.67%的教师经常性发(回)帖,大部分教师处于"潜水"状态。网络论坛和留言板等是常见和主要的互动方式,占全部互动方式的93.28%。92.81%的教师认为由于缺乏互动氛围,加之互动主题不明确、互动内容干瘪,导致受训教师与研修专家或学科专家以及同行之间多次回答的帖子数量较少。网络研修平台互动模块的功能支撑与利用存在不足。互动学习是教师研修的应有之义,研修环境理应为以提升研修质量为目标的交互过程提供保障。

3. 提供对学习过程的监督和干预

研修的关键在过程,重点在教师的行为表现。超过89.26%的教师认为自己的学习主动性不够,需要被提醒。研修没有目的、没有预习、积极性不高、课后应付作业的现象比较普遍,时间的产出绩效较低,研修成为教师"不情愿做,但又不得不完成"的任务。82.65%的教师反映,当前教师研修,无论是线上集中研修,还是线下网络研修,过程都缺乏有效的管控。事实证明,研修一旦缺乏有效监督,就会滋生松懈、放任、忽视等低效率的学习行为,造成研修效率低的后果。若不及时予以干预,不恰当的学习方式将导致学习效果不佳,并形成恶性循环。

4.1.2 研修平台的构成要素分析

研修平台是教师网络研修环境的核心部分,是教师研修的载体。在众多为教师研修提供网络研修平台的项目中，影响较为深远的有：英特尔培训项目、微软携手助学项目、苹果明日课堂项目、乐高技术教育创新人才培养计划项目、IBM基础教育创新教学教师培训项目等；由各国政府、国际组织合作推进的教师培训项目，如欧盟甘肃基础教育项目、加强中国西部基础教育能力项目；以及我国政府推行的项目，如全国中小学教师信息技术应用能力提升工程、国培计划等。分析上述教师培训项目，我们可以发现其中的技术发展脉络（如表4-1所示）。从理念上看，培训平台从为学习者提供学习内容向支持学习者主动参与学习活动演变，从关注"训"到关注"学"，进而关注"教师专业发展"。从技术上看，远程培训平台的技术支持完成了从Web1.0到Web2.0的跃迁，并努力迎接Web3.0的到来。

表4-1 网络研修平台发展脉络

对比项	网络精品课程	论坛/博客	Moodle	基于课堂教学视频案例的教师远程培训
技术手段	视频会议系统以及第一代互联网（Web1.0）技术	Web2.0工具	PHP语言编写基于数据库服务的动态网站	Blog、RSS、Wiki、流媒体技术
平台功能	提供编辑处理后的内容，学员被动浏览培训视频及相关资料，单向传输	以学员阅读文学、点播视频为主，以辅导答疑、主题讨论为辅	课程管理、学习安排、活动安排、在线测试、多元评价	以视频课程为主线索，以课程作业为主要反馈方式，强调对等的信息交互
缺陷	仅将带有教师头像的电视节目放到网络上，未能实现共享、下载、反馈、互动等功能，依靠简单互联网和卫星技术	功能单一、易产生"交流疲劳"、不能满足多层次需求	复杂的软硬件支持，信息资源相对封闭、缺乏开放性、未能满足生成的自主学习需求	仍然没有解决信息过量、重复、浪费，知识的高度垄断和低使用率等问题，也无法支持培训结束后的后续学习活动

综上所述，已有的教师网络研修平台在教学资源的分配上存在共享程度不高、资源浪费严重、系统扩充性差等缺陷；由于培训环境从固化的视频资源为主的单向传输向生成性、预设性资源发展，教师与学习者可自主收集、创作并共享存储教学资源，海量教育资源数据对存储和读取功能提出了新的要求；大量教师

对系统的并发访问以及每日产生的海量数据要求新的培训环境应具有可拓展性、高可用性、高吞吐量、低成本等要素。如何在现有的教师研修平台上整合录播系统的交互功能,以提升学员与平台、学员与学员、学员与讲师间的交互,是教师研修平台发展的新方向。

4.2 视频云研修环境设计

4.2.1 环境架构

从研修的角度来看,视频云研修环境隶属于网络学习环境范畴,它是在网络学习环境中应用流媒体技术与云计算构建的新型环境。因此,对视频云研修环境的设计需要追溯网络学习环境的发展历程。

国内外对网络学习环境的构成要素存在多种观点。武法提提出了 WBLSS 概念模型[①],他认为网络学习环境的基本构成要素包括网络学习平台、学习活动、学习资源、学习支持服务、学习共同体,环境中活动的主体为教师和学生;乔纳森(Jonassen)以问题解决为主线,提出一种设计建构性学习环境(Constructivist Learning Environments,CLEs)的框架,CLEs 中包含了问题、相关案例、信息资源、认知工具、会话或协作工具和社会背景支持等六个要素,以培养学生的问题解决能力[②];安维琪从促进协作学习的角度提出了包含分组策略、协作策略、协作空间和协作学习评价的基于网络的协作学习环境[③];帕金斯(Perkins)从学习资源类型的角度,指出学习环境应包括信息库、符号簿、建构工具、任务情境、任务管理者五个要素[④]。

综上所述,研究者们对学习环境要素的理解包含两个层面。从广义角度来

---

① 武法提. 基于 WEB 的学习支持系统——新型网上教学系统研究[J]. 电化教育研究,2002,(4):38-41.

② David H Jonassen, Lucia Rohrer-Murphy. Activity theory as a framework for designing constructivist learning environments[J]. Educational Technology Research and Development, 1999, 47(1): 61-79.

③ 安维琪. 基于 Web 协作学习环境的有效构建[J]. 中国教育信息化(基础教育),2011,(7):61-63.

④ David N Perkins. Technology meets constructivism: Do they make a marriage[J]. Constructivism and the technology of instruction: A conversation, 1992: 45-55.

看，它包括研修系统的各要素，比如学习者、助学者、专家、学习内容、软硬件环境等；从狭义的角度来看，研修环境能够为研修活动提供平台、工具、资源等。当然，研修环境的构成也受研究视角的影响，譬如在协作学习的视角下，研修环境应具备协作学习的空间、硬件以及相关工具；在建构主义视角下，研修环境离不开情境、资源和工具。

基于以上分析以及结合当前网络研修环境的现状及教师需求，本研究将视频云研修环境的架构划分为五个层次：资源供给层、接入汇聚层、媒体服务层、应用管理层、应用层，如图4-2所示。资源供给层是基础，是研修得以实施的必要条件，其为接入汇聚层提供类型丰富的资源；接入汇聚层接受来自资源供给层的资源，使不同的实时码流、视频文件标准化，生成能被媒体服务层直接加工的对象；媒体服务层对标准化的视频流进行一系列的操作，供各种应用活动使用；应用管理层侧重于为研修各要素提供管理服务，确保研修实施过程的流畅和高效；应用层在应用管理层和媒体服务层的支持下开展与研修相关的活动，使"研培用"一体化研修环境得以充分应用，并实现教师知识共享和专业水平提升。

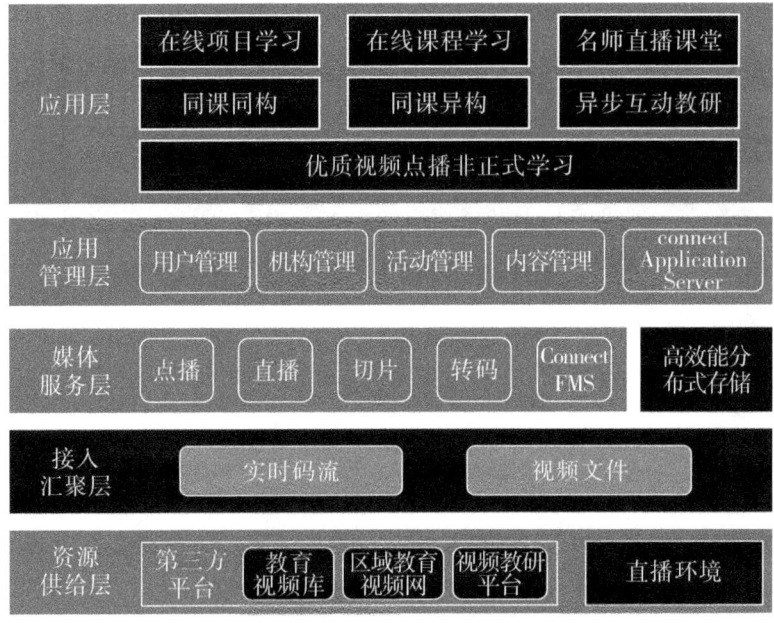

图4-2 视频云教师网络研修环境架构图

4.2.1.1 资源供给层

资源供给层主要解决所需视频资源的来源问题。视频云研修环境能够为教师研修提供来自第三方平台以及直播环境的视频资源。直播一般安排在云教室，整合录播系统、网络摄像头、学习终端、电子白板等设备。录播系统能够清晰记录教师的教学行为、学生的学习行为以及设备的操作数据。网络摄像头将分散在各地的教师汇聚在一个虚拟的会议室，营造一种逼真的研讨活动氛围。同时网络摄像头还能够有效地监控教师的学习行为，确保教师在线学习而不是"挂机"。第三方平台一般由教育视频库、区域教育视频网和视频教研平台构成，汇聚了来自全国各地教师的优质资源。

4.2.1.2 接入汇聚层

接入汇聚层主要解决来自资源供给层的不同传输协议的实时码流及各种封装格式的视频文件，提供标准视频流。由于各资源提供商的视频格式以及直播环境的实时码流不尽相同，直接使用会导致不兼容的情况发生，影响研修体验。因此，需要借助接入汇聚层实现不同视频流的标准化。接入汇聚层将分布在各学校的云教室通过录播系统汇聚起来，源源不断地为教师研修提供优质的、生成性的视频资源。

4.2.1.3 媒体服务层

媒体服务层满足视频从一个终端传输至另一终端的服务需求，适配多种终端和平台。对视频深度应用所需的虚拟切片、精细化管理提供支持，对智能视频分析提供技术支持。高效能分布式存储用以解决视频不断累积、海量增长，存储成本增加、可扩展性差的问题。直播和点播能够实现同步教研和异步教研，切片为视频深层次分析提供工具，解决传统视频课例分析的弊端。

4.2.1.4 应用管理层

应用管理层处理与管理相关的各项事务，确保研修环境的高效应用，其包括用户管理、机构管理、活动管理、内容管理等。用户管理涉及各类研修对象的角色设定以及权限操作。机构管理主要对负责研修的组织单位进行管理，通过对机构的评估实现对表现积极者的鼓励。活动管理是应用管理的核心，研修以活动来开展，通过活动实现目标，通过管理保障各项活动有条不紊地开展，实现活动的高效能。内容管理是资源管理的延伸，内容是各类资源的综合体，内容管理帮助学习者在不同类型的研修活动中找到合适的学习内容。

4.2.1.5 应用层

应用层为学习者提供最直接的各类应用服务，开放给研修的组织者和学习者。对于研修组织者而言，应用层为各种研修活动的实施提供环境支撑，实现"研培用"一体化；对于学习者而言，应用层有利于知识共享的发生和专业能力的提升。应用层提供的研修服务包括在线项目学习、在线课程学习、名师直播课堂、同课同构、同课异构、异步互动教研以及优质视频点播非正式学习等服务。

4.2.2 环境功能框架

视频云研修环境集成和整合现有录播系统资源，实现线上虚拟环境与线下实践环境的融合，与教育资源平台互联互通，搭建起网络交流、共享和应用环境，共同服务于名师课堂资源建设和教师专业化发展，从而确保研修主题是学习者在教学实践中面临的真实问题，鼓励学习者自主创造生成性资源，研修过程由学习者群体共同策划，研修成果由学习者共同分享并应用于教学实践。本节在研修环境架构图（图4-2）的基础上，从底层功能、应用功能、个人空间功能来分析该环境应具备的功能，如图4-3所示。

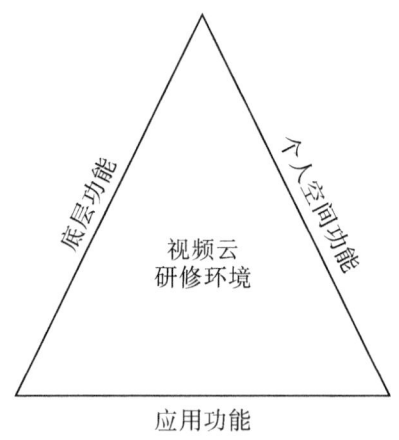

图4-3 视频云研修环境功能框架

4.2.2.1 底层功能

底层功能致力于保障环境底层诸如硬件、软件、资源等的控制、对接、存储、传输等一系列操作，包括云教室的远程控制与集中管理，视频流的接入汇聚

第4章　研修环境设计及关键技术

与高效传输，与第三方平台服务的集成整合，流媒体视频的切片、标注、分析，自适应码流的多终端云分发，教育视频高效能分布式云存储等功能，如图 4-4 所示。

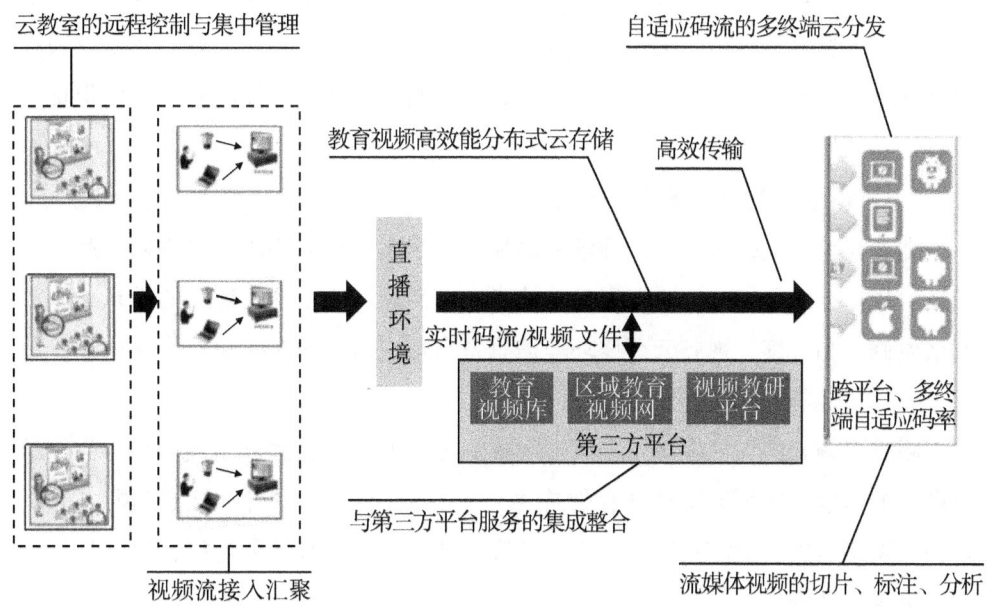

图 4-4　底层功能

1. 云教室的远程控制与集中管理

具备远程控制管理功能，对区域内的云教室和录播系统进行远程控制，权限采用分级管理方式，分市、区两级控制权限，并通过远程管理功能，实现分布在全市的云教室的集中管理、统一维护、互联互通。

2. 视频流的接入汇聚与高效传输

目前，在不少区域存在不同型号的录播设备并存的情况，导致云教室的视频流不能流畅地传递到其他云教室或者学习者终端，严重限制了参与研修的教师的规模和积极性。同时，若教师的爆发性涌入超过了网络资源的承载能力，会使视频的即时性、交互性受到严重影响。因此，不同视频流的接入汇聚以及高效传输尤为重要。

3. 与第三方平台服务的集成整合

第三方平台含有大量优质视频资源，可作为教师研修资源的重要补充。譬如广东省教育视频网、珠海教育视频资源平台、区域级视频教育平台和教育视频库等。面对众多第三方平台，视频云网络研修环境需具备将其集成整合和推动的能力。

4. 流媒体视频的切片、标注、分析

流媒体视频的切片、标注与分析是开展教研活动的重要应用。切片是按照需求对大视频进行颗粒化，聚焦具体环节，挖掘教学细节；标注是对视频所反映的教师课堂中的教学行为进行批注和评论；分析则是切片与标注的基础，以保证形成科学化的切片和标注。

5. 自适应码流的多终端云分发

随着移动终端的发展，教师学习终端呈现出多样化趋势。面对不同品牌、不同技术规格的学习终端，确保视频的清晰度，满足教师个性化播放的需求，提高网络研修的黏合度。视频云研修环境需具备自适应码流的多终端云分发技术。

6. 教育视频高效能分布式云存储

随着视频云的大规模应用，以视频资源为主的学习资源爆发性增长。面对海量存储的需求，必须解决传统存储成本高、性能低、可扩展性差的问题。因此，视频云网络研修环境需具备教育视频的高效能分布式云存储的功能，提高视频数据的可靠性和安全性。

4.2.2.2 应用功能

应用功能直接服务于教师研修活动，以有利于群组的构建、交互学习的开展为目的，进而提高知识共享的质量。应用功能包括在线教学以及辅助实时交互、在线课程学习与可视化研讨、教学实践课堂点播和实时直播、学习活动的过程和内容管理等方面，如图4-5所示。

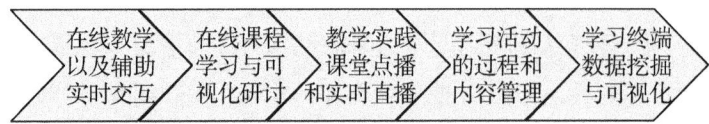

图4-5 应用功能

1. 在线教学以及辅助实时交互

具备丰富的在线教学功能，涵盖诸如交互式电子白板、文档传输、资料分发、协同浏览、桌面共享、文字讨论、私聊、共享注释等功能，以满足辅助教学和各种可能的在线交互需求。

2. 在线课程学习与可视化研讨

具备在线课程学习与可视化研讨功能。在线课程方面，包括教学内容、课程、课程表、虚拟教室等；可视化交互具备虚拟会议室功能，为学习者提供类似面对面的交互情境，同时对学习者的参与过程进行录制。

3. 教学实践课堂点播和实时直播

实现教学实践课堂点播和实时直播的功能，学习者根据个人时间安排参与直播观摩或是点播回看。若是直播环境，则需在研修中增强交互功能；若是点播环境，则需为学习者提供视频分析工具。

4. 学习活动的过程和内容管理

提供学习活动和内容管理的功能，包括学习活动定义、创建与执行，在线学习资源下载和推送，在线学习过程追踪与管理（如学习互动过程记录、学习互动结果记录、学习成绩统计等）。

5. 学习终端数据挖掘与可视化

具备学习终端数据挖掘与可视化功能，包括学习终端的操作行为数据、研修指标数据以及交互数据等，有助于研修绩效评价。与此同时，数据的可视化能帮助学习者或助学者关注核心问题。

4.2.2.3 个人空间功能

个人空间功能与常规的网络研修平台功能无异，主要提供个人研修空间以及圈子功能。

1. 我的空间

"我的空间"主要通过学习资源推送、用户订阅以及专家推荐等方式，为用户提供个性化的学习资源。同时，学习者在学习过程中收藏、下载、关注的内容，在"我的空间"中自动汇聚在一起，形成学习者的"学习成长档案袋"。

2. "圈子"功能

"圈子"功能类似于微信，是微信功能在教师研修平台的应用。学习者可对"圈子"的信息点赞、评论或分享，并管理学习同伴。通过关注同伴、添加同伴形成社会关系网络，组建"学习圈"。"学习圈"形成后，圈内成员针对某一个专题进行互动讨论。用户还可以定制手机短信服务（由学习者自主确定是否需要），一旦有新的课程或者"圈子"活动信息，学习者将收到推送短信提示。

4.2.3 环境开发的迭代过程

关于教师学习的理论（包括环境支撑理论和学习认知理论等）一直是构建教师研修实践的基础，学者专家以及一线教研实践者力图将有关教师研修的科学研究成果应用到真实的教育情境中。但是，实践者发现，理论研究上的诸多成果在实践应用中难以发挥预期效果。具体到教师网络研修环境领域，就是专家学者的设计未必符合一线教师的学习需求。研修环境设计专家所期待的学习过程在实际操作中走了样，未能达到理想的效果。究其原因，是在环境设计过程中容易忽视教师实际研修的演变。包括所处环境的演变、心态及需求的转变。诸多研究已经证实，教师研修环境的设计离不开反复试用、不断检验、高频度的修改完善，也就是所谓的迭代过程。在本研究的环境设计过程中，我们采用基于设计的研究方法，在真实的教学和研修情境中组建涵盖培训机构的管理人员、教研人员、研修环境设计人员以及一线教师在内的广泛性合作组织，在实际试用中根据实践反馈和评价不断修正完善学习环境，从而得到可靠和有效的设计。

4.2.3.1 确定研修环境的基本框架

项目成员历时一个月展开现状调研，结合环境设计理论的研究成果，经过反复讨论和分析确定视频云研修环境的构成框架和功能需求。我们一致认为基础设施层、软件层、内容层、服务层是网络研修环境的必要构成要素，并确定了各要素需包含的内容。基础设施层应包括云教室的基本设备，比如录播系统、网络摄像头、学习终端等，提供在线教学以及辅助实时交互、在线课程学习与可视化研讨、教学实践课堂点播和实时直播等功能。初步设计出以云教室为主要研修场所，在云研修平台汇聚录播流媒体视频资源和第三方教育资源视频流的开放型研修环境，架构了研修环境的基本框架，构建其原型，并在两所学校展开实践。

4.2.3.2 根据使用反馈以及观察找出不足

运用多种检测方法，从多种角度搜集一线教师研修过程中产生的数据并进行汇总分析，包括学习者的使用感受、意见和建议以及从观察者角度所了解到的应用过程中的不足。面对新的研修环境，教师出现了诸多不适应的状况，不知如何参与新型的研修活动。因此，在具体实施过程中，我们专门邀请教师教育专家对教师进行专门培训，确保教师在思想和行动上对新型研修环境抱有积极接受的态度。在环境的功能方面，不少教师提出了细节方面的问题，譬如有教师希望在线课程有短信提醒功能，以使自己在工作忙碌的时候能收到研修提醒；也有教师提出研修网络是否能不依赖于教育网，在家也能学习。学校的教学管理部门也提出了改进意见，认为研修环境需要感知教师的学习状态，为学校教研决策部门提供参考，同时希望研修的数据能与学校教师信息管理系统对接，作为教师量化考核的依据。学科专家认为在研修过程中网络一定要通畅，有利于网络研修的连贯性。

4.2.3.3 跟进研修环境的实际应用

经过第一轮的研修试用，研究小组通过问卷调查、访谈、观察等多种方法，搜集一线教师的反馈意见，及时对研修环境进行改进，增加了教师关切的主要问题，取消了部分不实用的功能，还总结了第一次研修应用的相关经验和下一轮应用应注意的问题。经过多方人员尤其是技术人员的努力，教师所提出的功能需求基本在研修环境中得以体现。第二轮试用同样在两所学校间进行。由于教师前一轮的需求得到一定程度的实现，因此，研修过程的体验性得到了改善增强，教师参与新型研修的积极性也大为提高。当然，随着研修向纵深发展，教师对研修质量提出了更多需求，譬如：需要增加学分银行和学分认证功能，免除教师处理学时的烦恼；增强教学视频的分析功能，尤其是提供专家的分析框架，让教师能够有参照、有依据、有对比地分析。

4.2.3.4 确定研修环境的最终形态

研修环境的设计是一个不断改进、试用、再改进的迭代过程，在使用中不断发现问题，在发现问题中不断寻求解决问题的办法。在视频云研修环境的设计过程中，环境设计方案几易其稿，实际建设中也经过了多番修正，参与试用的教师更是不计其数。最终经过4轮修正完善，形成了能被大多数一线教师和教研管理人员认可的环境建设方案（详见4.2.1节和4.2.2节），并推广应用到其他学校。视频云研修环境的设计不仅实现了"网络学习"与"实践教学"相混合理念的落地，还推动了混合式研修理论和培训迁移理论的发展。

4.2.4 环境技术要点

从接入汇聚的角度看，需解决各类直播环境和第三方平台不同传输协议的实时码流及各种封装格式的视频文件统一问题。从视频资源存储的角度看，视频不断累积、海量增长，面临存储成本增加、可扩展性差的问题，同时资源相对集中管理，容易造成系统瓶颈和网络拥塞的后果。从媒体服务角度看，视频资源面临存储、转码、播放的端到端服务需求，需要适配多种终端和平台。从用户访问的角度看，需解决大量用户访问的并发性与密集性问题。

针对以上技术瓶颈，本研究结合已有的技术手段，开展整合和创新研究，通过发挥各种技术优势，实现若干关键问题的解决。对于视频资源大规模分发、传输引起的服务器处理能力超负荷和网络带宽要求高的问题，本研究采用 P2P 和 CDN 融合的体系结构，设计了超级节点。CDN 的边缘服务器只需要管理超级节点，超级节点不断地将自己所管理的普通节点推送给比自己负载能力更高且满足兴趣相似度要求的超级节点，从而使网络中拥有尽可能少的超级节点。当前视频种类繁多，数字化处理后的视频数据量非常大，对于如何有效压缩视频数据和音频数据并将其存储为适当格式的突出问题，本研究结合 FFmpeg 和 MEncoder 二者优点及视频编码信息，设计服务器端视频转码模块，为开发者提供服务器端统一视频文件格式技术解决方案。面对各学校不同型号不同平台的设备所引起的接入汇聚的统一、标准化问题，本研究采用开放的 RTSP、RTMP 等流媒体协议，辅之以相应的工具软件或 SDK，以拉流或推流的方式实现多种录播系统、已有平台的统一接入。

4.3 关键技术研究和开发

与教师研修环境相关的技术发展自有其发展的脉络，一条主线沿着研修需求所带来的技术变革的轨迹，另一条主线则沿着技术本身独立发展的轨迹。目前教师研修普遍采用混合研修模式，将线上自主学习与线下集中培训有机结合起来。然而从实际的效果来看，集中培训的绩效不容乐观，工学矛盾突出以及网络学习内容的再翻版并未给教师专业能力发展带来实质性帮助。为了凸显线下学习的实践性，同时提高教师参与研修的灵活性，研究者开始尝试通过配置录播系统的云教室架起网络研修与线下实践的桥梁，让教师足不出户，身处云教室就可以实现教学实践与网络研修的无缝对接。在前期，云教室较少，参与教师不多的情况下，该研修环境并未存在太大的问题。但是随着不同学校录播系统并网，大量云教室加入，参与教师人数急剧增长，不同品牌厂商数据流对接、大规模视频分发、视频编解码以及数字资源的推送成为制约研修环境应用的新瓶颈。突破这些技术瓶颈需要将目光聚焦到此类技术的发展上来。

4.3.1 大规模流媒体直播交互技术

研修平台是教师视频云研修环境的核心部分，是教师研修的载体；流畅的视频上传下载、播放是研修环境的基本要求，是其他需求得以满足的前提条件。但是，当前教师反映网络研修环境存在视频播放不流畅、卡顿现象严重的不良体验，一次完整的学习往往要耗费学习者大量无谓的时间，严重限制了研修的规模和教师的积极性，同时，教师爆发性涌入严重超过了网络资源的承载能力。因此，大规模用户访问的并发性与密集性问题成为提高教师研修效果的瓶颈。

4.3.1.1 视频云服务部署规划

为便于理解视频云研修环境如何汇聚分布全市各学校云教室的视频流，本研究将环境架构根据实际情况简化为图4-6所示的系统分层架构，自上而下可划分为四层：前端显示层、内容管理层、播控服务层、内容存储层。

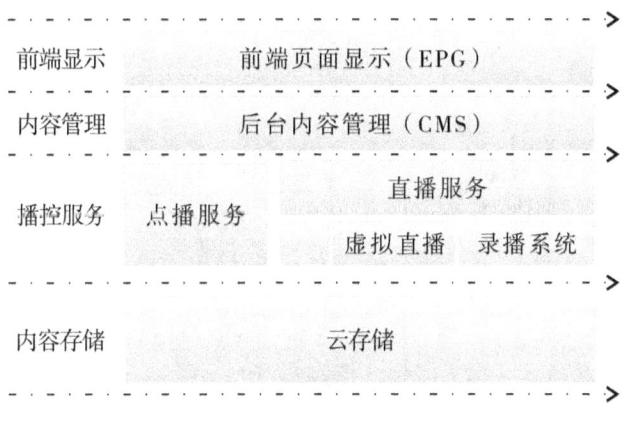

图4-6 系统分层架构图

1. 前端显示层

等同对应图4-2中的应用层。位于系统最前端，负责与用户进行交互，在网页上呈现直播和点播内容，直接提供给用户浏览使用。

2. 内容管理层

等同对应图4-2中的应用管理层。实现对点播和直播等视频内容的分级管理，是内部视频数据和前台页面显示的中介，接收和解析来自前端显示层用户的浏览请求，从播控服务层读取内容，并提供给前端显示层展现给用户。

3. 播控服务层

等同对应于图4-2中的媒体服务层和接入汇聚层。主要由直播服务和点播服务构成，可对接虚拟直播、录播系统和第三方视频平台，实现流媒体视频流的控制和分发，对内容存储层进行内容的写入和读出，提供流媒体服务，并提供接口供内容管理层进行操作。

4. 内容存储层

实现视频等媒体的存储，并提供接口供播控服务访问和操作。

根据图4-6的系统分层架构图，设计了研修环境的网络流程，如图4-7所示。

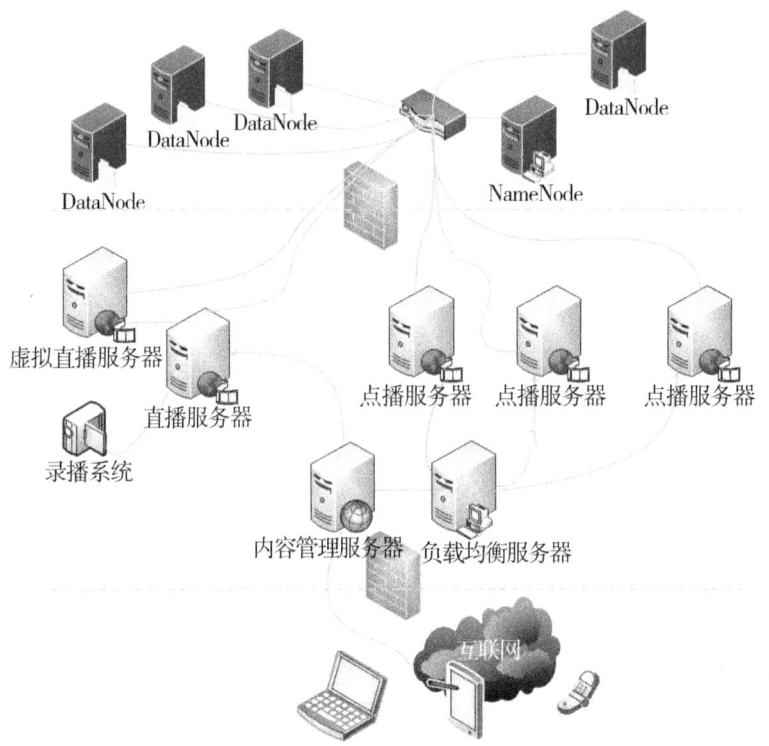

图4-7 视频云研修环境的网络流程图

首先，用户使用多种终端（移动手持设备、办公电脑等）登录平台服务网站主页，点击视频，生成HTTP网络请求。

之后，浏览器发出视频处理请求，通过网络传输至内容管理服务器，内容管理服务器接收并解析HTTP请求，判断点播请求或直播请求等。若是直播请求，则将请求服务转发至直播服务器处理。若是点播请求，则转发至点播服务器。为实现负载均衡,点播服务器采用分布式部署,并在内容服务器和点播服务器之间加入负载均衡服务器。负载均衡服务器会根据当前网络拥塞状况和服务器负载状况将请求分配至其中一台点播服务器处理,以应对多用户并发请求,及时响应点播服务。

然后,直播服务器或点播服务器收到服务请求后,解析并转发至 NameNode 服务器(节点服务器),NameNode 服务器通过解析被请求视频的名字、编号等唯一标志,通过网络直接对 DataNode 服务器(物理存储服务器)进行数据读写操作。

最后,DataNode 服务器将用户请求的视频数据通过网络返回至直播或点播服务器,经处理后显示在用户的终端浏览器上。

在实际网络部署中,根据珠海市的地理分布和网络部署现状,以及现有的学校云教室及资源,制定了本地化使用资源、分布式存储资源、分级化管理资源的网络体系。将市内学校根据现有的网络部署和行政管理体制划分为几个小区,每个区部署一个独立的子平台,在此基础上建立一个市级总平台,实现跨区域的数据共享分发和传输,如图 4-8 所示。

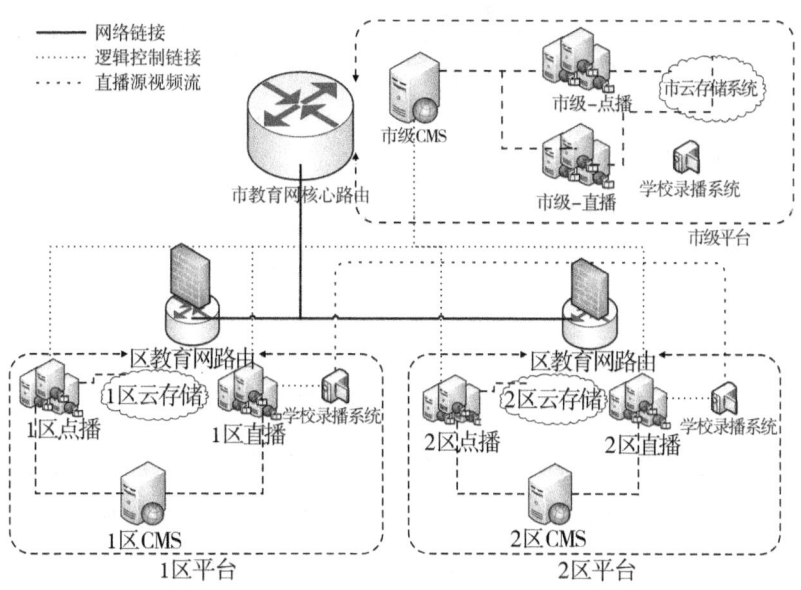

图 4-8　珠海市视频云研修环境网络部署规划图

4.3.1.2　大规模流媒体直播交互技术

在研修环境的应用设计中,大规模流媒体交互是关键服务,如何设计并实现大规模视频数据在网络上合理高效地分发和传输是关键。内容分发网络(CDN)

技术和对等网络（P2P）技术是两种最重要的网络传输技术，且具有极强的互补性。本研究提出了一种融合 CDN 与 P2P 的大规模流媒体直播交互网络技术，提供大规模流媒体交互服务。

1. 基于 CDN 的内容分发技术

采用 CDN 技术，部署边缘服务器（基于 CDN 的边缘服务器工作原理，如图 4-9 所示），可以使用户群体在地理分布上、用户支撑规模上得到进一步扩展，从而在很大程度上提高大规模流媒体交互服务的支撑能力。客户端通过在网络中部署 Cloud connect（云连接）边缘服务器从而使边缘服务器连接到 Cloud connect 源服务器。这种连接方式对于用户而言是透明的，就像用户直接连接到承载视频交互的 Cloud connect 源服务器一样。

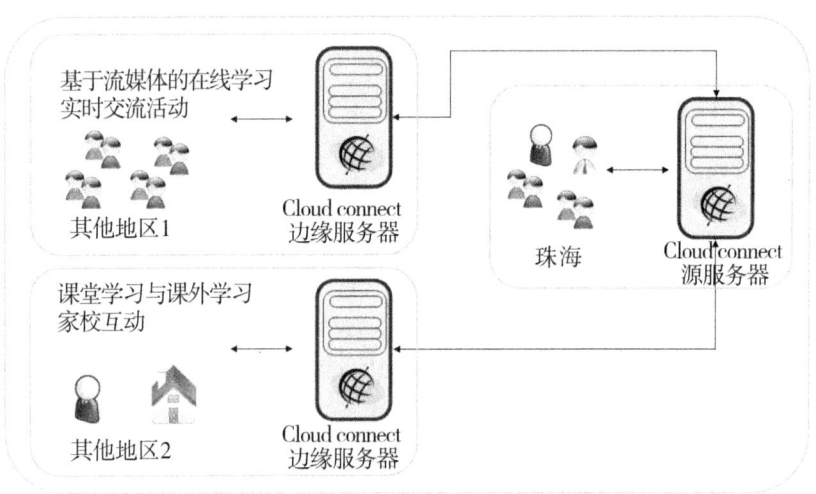

图 4-9　大规模流媒体边缘服务器原理

边缘服务器可代替源服务器验证用户身份，并批准用户使用 Web 服务（例如 Cloud connect 会议服务）的申请，而不会将请求一一转给源服务器，从而为源服务器节省了资源。如果在边缘服务器缓存中保存有申请的数据，边缘服务器就会直接将此类数据发送给请求的客户端，而无需调用 Cloud connect 源服务器。如果在边缘服务器缓存中没有找到申请的数据，边缘服务器则会将客户端的申请转发到源服务器，并由源服务器来验证用户身份和批准服务申请。源服务器会将得到的结果返回发出申请的边缘服务器，再由该边缘服务器将结果发送回发出申请的客户端。边缘服务器会将这些信息保存在自己的缓存中，其他经过身份验证的用户可在这里访问信息。

通过部署边缘服务器，教育云大规模流媒体交互网络延迟的时间可大为缩短，同时网络的安全性得到充分保障。边缘服务器具有缓存点播内容和分解直播媒体流的功能，相当于在客户端与源服务器 Internet 连接之间增加一个保护层，可以很大程度减少进出源服务器的流量，缓解源服务器的负担。

当然，边缘服务器群集在必要的时候亦可安装和配置。通过边缘服务器和群集深度融合，在很大程度上可以提高视频云环境下的大规模流媒体交互服务能力，实现故障转移，更加有效地将负载进行均衡。当某台边缘服务器发生故障时，另一台边缘服务器将起到备份作用。

2. P2P 网络技术

与 CDN 网络不同的是，P2P 网络架构中每一个节点同时身兼服务器和客户端的角色，在与其他节点的合作中来交换内容。一个节点下载的资源可以在其他节点上传。在 P2P 网络架构中，所有节点都是自愿加入并连接的，可以随时连接或离开网络。整个网络的分发性能会随着节点的加入而不断加强。P2P 网络具有较高的可扩展性、容错性，并且部署成本低。当然 P2P 网络也存在不足，当节点总数较少时整体性能较低；节点相对服务器来说具有较低的计算资源和带宽；节点的动态加入、离开容易导致不稳定。

3. CDN 与 P2P 的融合技术

视频云服务在端应用环境下提供大规模流媒体交互服务，同时还提供电子白板、桌面共享、Web 会议、协同编辑等功能。构建大规模流媒体系统的关键技术之一就是网络传输技术，网络传输技术中最核心的两种技术是内容分发网络（CDN）技术和对等网络（P2P）技术，两者之间具有极强的互补性。本研究研发了一种融合 CDN 与 P2P 的大规模流媒体直播网络，其体系结构如图 4-10 所示。

在现实的视频云流媒体网络中，区域内部与区域之间的带宽资源也分配不均。网络运营商内部的带宽资源空闲比较多，而各运营商之间用于互联互通的带宽资源相对不够富余；同样，同一位置区域的带宽资源被认为相对富余，可以支持内容对象的高速传输。因此，需要在设计 P2P-CDN 时考虑这一现实情况，尽量将内容的传输限制在运营商或区域网络内部，从而避免跨运营商网络的大量内容传输。参与的节点通过采用位置感知技术，能够发现自己所处的位置。两个节点之间的传输延迟 RTT 低于某个阈值，就认为这两个节点位于同一个位置区域。

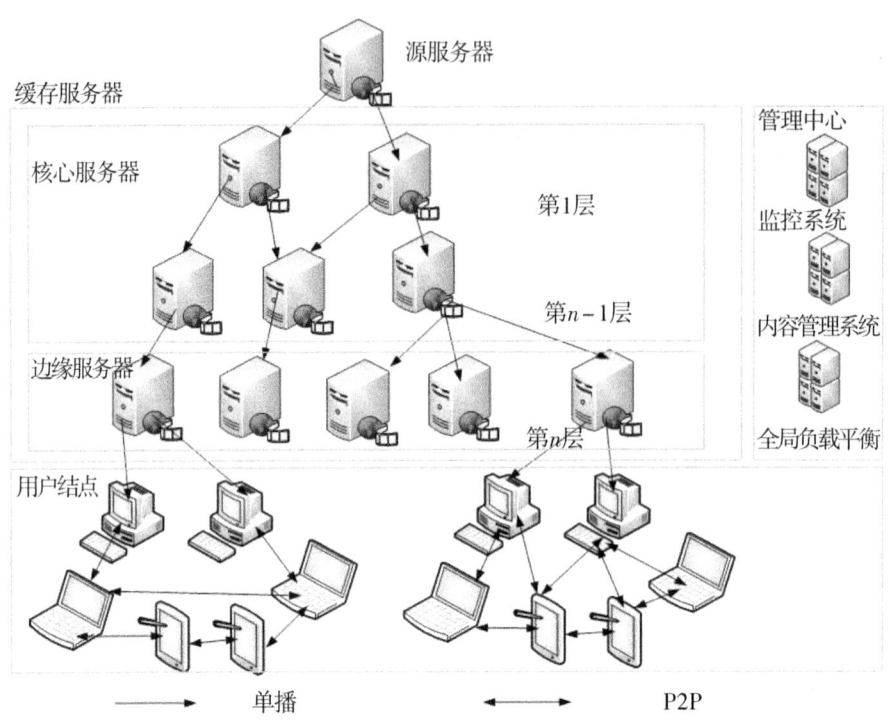

图 4-10 融合 CDN 与 P2P 的大规模流媒体直播网络体系结构

在系统实现上能考虑到同一个位置区域的带宽资源相对富余，可以支持内容对象的高速传输，而不同位置区域之间的带宽资源比较紧张，所以应尽可能避免大量内容的重复复制。把对相同内容对象感兴趣的一组用户组成一个用户群，根据用户的位置，划分为具有相同兴趣的多个区域，内容复制行为在区域间被限制或禁止，尽可能在区域内部完成内容复制。基于位置感知和兴趣集中的 P2P-CDN 架构充分考虑到以上要求，提供节点的位置感知功能和内容查找、复制、缓存、提交的方法。

另外，它还通过静态配置或动态 DNS 解析和采用基于目录的内容路由机制，使得用户请求首先被发送至本地边缘服务器。目录服务器和本地边缘服务器通过支持基于位置感知的决策算法来进一步提高内容路由效率，对用户请求进行优化处理使其重新定向到最优的边缘服务器。

4.3.2 教育视频点播系统视频格式转换技术

随着科学技术和信息产业的迅速发展，计算机网络技术以及多媒体技术已经遍布社会生活的各个方面。视频点播（VOD）系统因其交互性强，满足用户自主需求的优点，逐渐成为人们获取网络信息的重要渠道，利用 VOD 系统开展远程教育已成为其应用的重要领域①。VOD 系统是一种以根据用户需求提供服务为核心特征，兼有视听、交互等功能的系统，其在教育领域的应用，满足了教育者对实时同步音视频等多媒体信息的需求，同时提供了受教育者根据个人意愿自主选择多媒体信息的机会，让"按需教育"成为可实现的教育理想。更重要的是它突破了传统教育手段在时间和空间上的局限②。

4.3.2.1 相关概念梳理

1. 教育视频

目前，行业内对教育视频并没有准确的概念，有研究者对教学视频进行界定，认为教学视频是满足师生教学活动的所有视频资源的统称③。由此可见"教学视频"是主要着眼于教学领域的视频，而教育视频除了应用于学生的在线学习，还可能应用于师资培训，所以教育视频应该是面向师生学习的所有视频资源的统称。

教育视频不同于一般类型的视频，它目标单一、功能明确，服务于师生专业化成长。在教育教学研究方面，随着专业化教学研究的深入，视频案例教学逐渐成为传统的课堂教学研究中具有特有优势的关键途径④。相关研究表明，视频已经成为教师培训平台中必须具备的数字化资源。一项针对近 20 家全国师资在线培训平台的调查显示，几乎每个机构都将视频化的专家讲座和微课视频作为重要的学习资源；而"课堂讲座"和"参与视频答疑"也作为学习考核方式被多家教学机构所尝试⑤。从视频文件的大小来看，现阶段师资在线培训平台的视频资

---

① 吴艾，刘心松，符青云，等. DPVoD：基于 P2P 的视频点播体系结构 [J]. 计算机研究与发展，2008（02）：269 - 277.

② 沈时军，李三立. 基于 P2P 的视频点播系统综述 [J]. 计算机学报，2010，33（04）：613 - 624.

③ 汪晓凤，陈玲. 技术助力教师教育视频资源的典型应用问题与发展趋势 [J]. 现代远程教育研究，2014（6）：104 - 111.

④ 秦丹，阴瑞华. 基于教学视频案例的教师专业发展实践 [J]. 现代远程教育研究，2013（4）：101 - 106.

⑤ 赵健，张美芹. 基于内容分析的教师网络研修平台构建与展望 [J]. 中国电化教育，2017（2）：103 - 109.

源多以中长视频为主①,主要来源于教师上传、录播系统转存,内容以专家讲座和课堂实录为主;符合教师要求的微课也不少,主要来自教师上传,当前随着面向移动端学习的观念深入人心,以教师手机拍摄与分享的微视频逐渐成为微视频的主流。

2. 教育视频点播系统

教育视频点播(EVOD)系统,即应用于教育教学的视频点播系统,其结构和数据传送方式与普通视频点播系统相同,不同的是视频资料主要面向学生自主学习、教师课堂教学及教师专业化发展等方面,一般要求具有科学性和教育性②。

视频点播系统以根据用户需求提供视听、交互等服务为特征,应用于教学,不仅为学习者提供实时同步的音视频等多种媒介信息;同时,在一定程度上打破了传统教育手段在时间和空间上的局限,实现了按需教育,从而使学习者可以根据自己的需求,自主选择和获取自己感兴趣的各种媒介信息③。

由此可见,视频点播技术的进步在很大程度上决定了 EVOD 系统的发展。Web 2.0 的飞速发展,无线网络接入速度的提高,以及终端处理能力的逐步增强,在推动视频点播系统面向用户参与、主导及建设的同时,对 EVOD 系统也提出了新的要求。

4.3.2.2 教育视频点播系统面临的挑战

互联网的普及,催生了用户原创内容(UGC)的概念,即用户将自己原创的内容通过互联网平台分享给其他用户。这表明用户使用互联网的方式已由以下载为主转变为下载与上传并重。优酷、抖音、快手等主流视频点播网站,都已支持原创视频的上传与分享功能。UGC 在视频点播系统的成功应用,对教育视频点播系统提出了新的要求,即为教育者和受教育者提供视频上传功能,系统自动分享与维护,以增强教育资源传播的便捷性,加强师生、生生之间的交流,进一步提高学生的学习效果及教师队伍的教学水平。

目前 EVOD 系统面向开放的同时,也面临视频编码信息(格式、分辨率、编

---

① 张培. 教师远程培训中的微视频设计研究 [D]. 芜湖:安徽师范大学, 2014.

② 金智勇, 孙乐传, 宋志明. 基于校园网的视频点播系统的构建及在教学中的应用 [J]. 电化教育研究, 2009 (2): 72 - 74.

③ 沈时军, 李三立. 基于 P2P 的视频点播系统综述 [J]. 计算机学报, 2010, 33 (04): 613 - 624.

解码器等）多元化而带来的众多视频标准及大量不同格式的视频信息交织在一起的混乱局面[①]。限定上载视频格式虽然能够解决此类问题，却增加了使用者的负担。如何将庞大的视频数据和音频数据进行有效压缩并以适当格式存储已成为教育视频点播系统面临的非常重要的问题。统一视频文件格式，不仅有利于浏览器的兼容播放，降低受教育者使用成本，增强界面友好性，便于网站服务器端的管理，而且视频素材易于应用到教学中，具有重要的意义[②]。下文对服务器端的两种视频格式转换技术 FFmpeg 和 MEncoder 进行研究，为教育视频点播系统开发者提供服务器端统一视频文件格式的解决方案。

4.3.2.3 视频格式转换技术

当前最流行的视频压缩和处理软件核心为 FFmpeg 和 MEncoder 两种。两者都是源代码公开、多平台跨度的视频压缩处理命令行程序，而且很多 FFmpeg 和 MEncoder 的开发者也是一样的，所以两者联系紧密。此外，大多数的视频播放软件都应用了 FFmpeg 和 MEncoder，例如：暴风影音播放器利用了 FFmpeg，Mplayer 播放器利用了 MEncoder。

1. FFmpeg

FFmpeg 是如今应用非常广泛的开源免费程序，它提供了对音视频进行录制、转换及编解码的一整套完整解决方案。它涵盖了当今世界领先的音视频编解码库 libavcodec，并对 libavcodec 库中的很多 codec 进行了二次开发，从而保证了质量和性能。FFmpeg 基于 Linux 操作系统平台，但在 Windows 等主流操作系统中也可以编译运行，例如暴风影音、TCPMP、VLC 等很多优秀的播放器均使用 FFmpeg 解码器。

（1）FFmpeg 的使用。

FFmpeg 的基本语法为：FFmpeg [inputfile_ options] - i inputfile [outputfile_ options] outputfile，其中 inputfile_ options 为源文件格式选项，-i 为读取源文件命令，inputfile 为带有完全路径的源视频文件名（可以是硬盘中的文件、网络流、设备中捕获的音视频等），outputfile_ options 为输出文件格式选项，outputfile 为

---

① 金智勇，孙乐传，宋志明. 基于校园网的视频点播系统的构建及在教学中的应用 [J]. 电化教育研究，2009（2）：72 - 74.

② 陈少涌，林敏，梁仕鋆. 基于开源软件的视频点播系统的设计与实现 [J]. 中国教育信息化，2011（03）：30 - 32.

带有完全路径的输出文件名。FFmpeg常用options选项如表4-2所示。

表4-2 FFmpeg 常用选项

选项	功能描述
-f	强制输入或输出文件格式
-c/-codec	为源文件或输出文件选择编解码器
-b	设置比特流
-vframes/-frames：v	设置输出文件记录的视频帧数
-r	设置帧频
-s	设置帧大小，格式为 W×H（宽×高）
-aspect	设置视频显示的宽高比，比如："4：3""1.7777"
-vcodec/codec：v	设置视频编码器
-aframes/-frames：a	设置输出文件记录的音频帧数
-ar	设置音频采样率
-aq	设置音频质量
-ac	设置音频声道
-acodec/-codec：a	设置音频编解码器
-sample_fmt	设置音频采样格式

（2）FFmpeg 视频格式转换技术。

FFmpeg 命令行可实现视频格式转换及视频图片提取的功能。视频格式转换命令，如图4-11所示，此命令可将 input.avi 文件转换为 output.flv 文件：设置输出文件使用 flv 视频编码器，帧频为 24fps，视频编码码率为 500bps，分辨率为 720×480；设置输出文件使用 mp3 音频编码器，音频采样率为 22050Hz，音频编码码率为 56kbps。

FFmeg-i input.avi-f flv \
-vcodec flv-r 24-b 500 -s 720*480 \
-acodec mp3 -ar 22050 -ab 56 output.flv

图4-11 FFmpeg 格式转换命令

FFmpeg 提取视频图片命令，如图4-12所示，此命令实现每秒提取 input.avi 的一个视频帧，并将图片命名为"output-001.jpg""output-002.jpg""output-003.jpg"等。图片的分辨率将由"W×H"的值重新设置。若要提取有限数量的帧，可以添加-vframes或-t选项；也可以添加-ss选项，从一个特定时间点开始提取图片。

FFmpeg -i input.avi -r 1 -s W×H -f image2 output-%03d.jpeg

图 4-12　FFmpeg 提取图片命令

2. MEncoder

MEncoder 是 Linux 视频播放工具 Mplayer 自带的编码工具，它是一个使用 C 语言开发的具有视频压缩和格式转换功能的程序。MEncoder 基于命令行操作，需使用命令行手工添加所需的各项参数；它支持不同的视频格式，可针对不同的中央处理器指令集进行优化编译；能充分利用 CPU 性能，所以转换速度快，1/10 至 1/2 的播放时长就可完成。

（1）MEncoder 的使用。

MEncoder 的基本语法为：mencoder inputfile[file | URL | -][-o outputfile][options]，其中 inputfile 为带有完全路径的源视频文件名（可以是硬盘中的文件或网页地址）；-o 为输出文件命令，outputfile 为带有完全路径的输出文件名；options 选项较为复杂，表 4-3 列出了 MEncoder 常用选项。

表 4-3　MEncoder 常用选项

选项	功能描述
-of	选择输出视频容器格式
-oac	指定编码使用的音频编码器
-ovc	指定编码使用的视频编码器
-lameopts	音频编码器配置
-lavcopts	视频编码器配置
-af	音频滤镜配置
-vf	视频滤镜配置
-srate	音频采样率
-ofps	输出视频的帧速

（2）MEncoder 视频格式技术。

MEncoder 命令可实现视频格式转换功能。视频格式转换命令如图 4-13 所示，此命令将 input.avi 文件转换为 output.flv 文件：以 mp3lame 为编码使用的音频编码器，lavc（Libavcodec）为编码使用的视频编码器，由于 Libavcodec 包含了多种视频编码，故用 vcodec 指定使用 FLV 编码；并设定以平均码率编码的音频编码码率为 56kbps，音频采样频率为 22050Hz，视频编码码率为 500kbps。

Mencoder input.avi-o output.flv-of lavf \
-oac mp3lame-lameopts abr：br = 56-srate 22050-ovc lavc \
-lavcopts vcodec = flv：vbitrate = 500：mbd = 2：mv0：trell：v4mv：cbp：last_ pred = 3

图 4 – 13　MEncoder 格式转换命令

4.3.2.4　视频格式转换技术比较

1. 功能比较

FFmpeg 命令行可在输入文件前添加选项、强制输出格式，支持输入文件的编解码及从视频中截取单帧图片，而 MEncoder 不支持[1]。但在视频压缩方面，两者的功能相差不大，主要差别在于 MEncoder 能够编辑所有 FFmpeg 的 libavcodec 所支持的编码[2]，其支持的视频格式较 FFmpeg 完整。MEncoder 可转换 FFmpeg 不支持的扩展名为 .rm、.rmvb、.rt 的文件[3]。

2. 效率效果比较

本实验基于 Ubuntu 12.04 操作系统安装的 FFmpeg 及 MEncoder 转换软件，分别转换同一高清视频，从转换视频用时及输出视频的大小两个角度，测试两者转换效率的差异。源视频采用时长为超过 1h20min，码率为 3535Kbps，MPEG-4 编码的 100 段高清视频片段，主要为课堂实录画面，可以有效检测视频转码在压缩动态和静态画面时的优劣。FFmpeg 及 MEncoder 均采用表 4 – 4 中命令行选项提及的 flv 对视频进行压缩、mp3 对音频进行压缩，设定音频采样率为 22050Hz，视频码率为 3000Kbp，帧频为 24fps，容器为 flv。测试结果及分析如下：

抽取源视频文件大小为 1.72GB 的课堂实录，转码后视频大小见表 4 – 4。由

---

[1]　Berton D. Advanced video coding on Linux ［J］. Linux Journal, 2006 (150)：74 – 77.

[2]　Heikki Orsila, Jaco Geldenhuys, Anna Ruokonen, Imed Hammouda, Trust issues in open source software development, WUP 09 Proceedings of the Warm Up Workshop for ACM/IEEE ICSE 2010, 9 – 12.

[3]　FFmpeg Documentation. http：//www.ffmpeg.org/documentation.html. 2010.

于为了保持高清视频转码后的清晰度,设定了较高的码率,转码后的视频大小相比源文件大小没有较大的变化;但相同选项参数下,MEncoder 压缩率略高。在视频转换用时方面,FFmpeg 用时较少,编码速度较高。在画面效果方面,由于压缩是有损的,输出视频相比源视频清晰度都有一定程度的下降,且 MEncoder 相比 FFmpeg 转码后的视频质量略高。本实验一共测试了 100 段测试视频,92% 的视频符合此规律。同时也有学者证实,FFmpeg 转换 .wmv 和 .asf 文件时经常出现花屏现象,转换 .mkv 格式的效果也差。

表 4-4 FFmpeg 与 MEncoder 转换效率比较

转换技术	命令行选项	转换用时	视频大小
MEncoder	-of lavf -oac mp3lame -lameopts abr:br=56 -srate 22050 -ovc lavc -lavcopts vcodec=flv:vbitrate=3000 -ofps 24	1972.45s	1.72GB (1,849,468,065 字节)
FFmpeg	-f flv -vcodec flv -r 24 -b 3000000 -acodec mp3 -ar 22050 -ab 56	1870.21s	1.72GB (1,854,874,191 字节)

综上所述,FFmpeg 的优点在于编码速度高、功能较全面、使用更加灵活,MEncoder 的优点在于可转换的视频种类多、质量高,但是转换速度较 FFmpeg 慢。因此,在转换视频文件格式时,应结合两个编码器的优点及视频格式、时长等视频编码信息,同时使用它们。首先,依据表 4-5 的视频格式集合分类所示,将 .wmv、.rm、.rmvb、.rt 等 FFmpeg 无法处理或处理不好的格式交给 MEncoder 处理;其次,依据视频时长分类,将时长较大的视频(如课例)交给 FFmpeg 处理,减少转换用时,将时长较小的视频(如微课)交给 MEncoder 处理,忽略转换用时的略微差异,提高视频转换后的质量。

表 4-5 视频格式集合分类

转换组件	可转换的视频类型
FFmpeg	*.mov、*.avi、*.mpg、*.mpeg、*.mpe、*.3gp、*.asf 等
MEncoder	*.rm、*.rmvb、*.rt、*.wmv、*.asf、*.asx、*.mkv 等

4.3.2.5 视频格式转换模块设计

考虑到 flv 以其文件压缩率高、加载速度快,可以通过 FlashPlayer 在网页上播放的特点,成为视频网站广泛使用的流媒体格式。本服务器端视频格式转换模块结合 FFmpeg 与 MEncoder 的优点,同时使用它们,将上传至服务器的所有格式的视频转换成符合要求的 flv 格式视频。整个视频格式转换模块功能设计流程如图 4-14 所示。

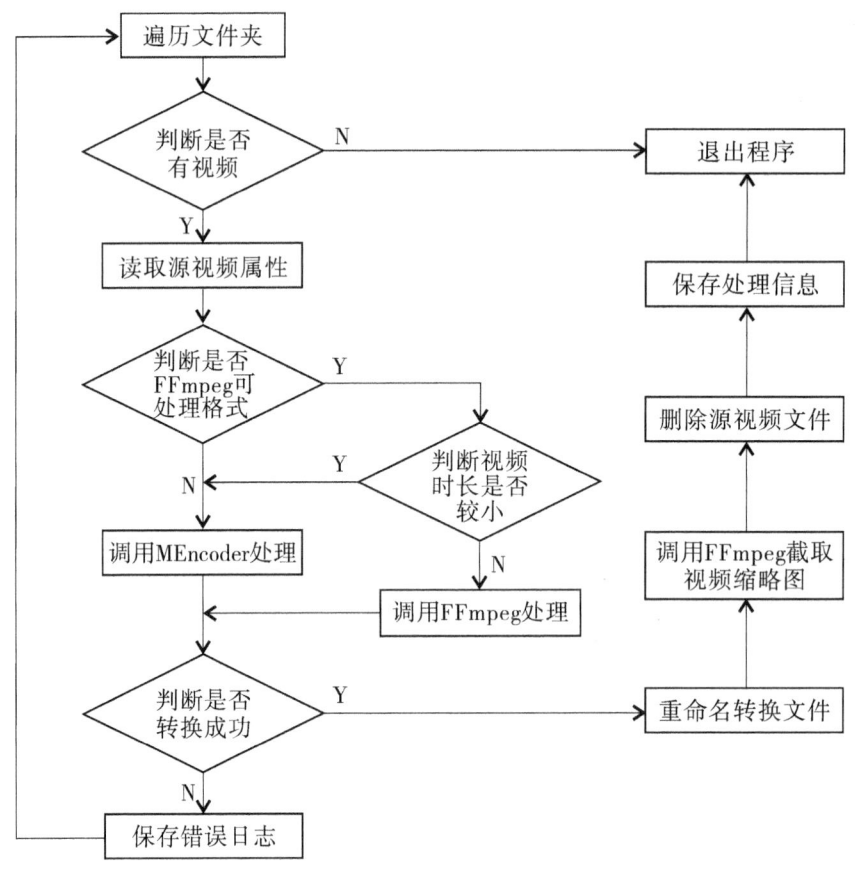

图 4-14 视频格式转换模块工作流程图

遍历视频文件夹,判断是否存在视频文件。如果发现视频文件,利用 FFmpeg 命令读取视频的属性信息,包括时长、分辨率、格式、帧速、比特率等参数,并根据表 4-5 中的视频格式集合分类,判断其格式是否属于 FFmpeg 可处理的格式集合。如果属于,则判断视频时长是否较小,较小则调用 MEncoder 根据视频的属性信息执行视频转换,时长较大则调用 FFmpeg 根据视频的属性信息执行视频转换；如果不属于，则调用 MEncoder 根据视频的属性信息执行视频转换，待视频转换完成后，判断视频是否转换成功。如果转换成功，则执行文件重命名、调用 FFmpeg 截取视频缩略图、删除源视频文件、保存处理信息等操作；如果转换失败，将错误信息写入错误日志，再次遍历视频文件夹。当遍历完视频文件夹而没有发现视频文件时，退出程序。

4.3.2.6 结果与分析

视频格式转换模块算法流程的性能主要体现在为不同视频文件提供合适的转换方式，提高转换的效率和质量，降低了视频服务器的工作负荷，可以有力推动 EVOD 系统的广泛应用。下面通过对比实验，验证该转换算法流程的有效性，视频文件转换的时间与转换后视频画面效果是检验的核心指标。通过将内嵌有该模块的系统与只采用 FFmpeg 或 MEncoder 转换软件的系统进行性能比较，从而说明本研究方法能有效降低视频文件转换的时间，同时提高视频的质量。实验均在 Ubuntu12.04 操作系统环境下实施，FFmpeg 与 MEncoder 命令行选项与第三部分相同。

从教育视频点播系统中随机提取尚未进行转换的视频文件，数量、文件格式、文件大小的分布如表 4-6 所示。视频文件小于或等于 50M 的有 21 段，大于 50M 小于或等于 500M 有 40 段，大于 500M 小于或等于 1G 有 25 段，大于 1G 小于或等于 2G 有 14 段。

表 4-6 视频文件样本情况

格式 \ 大小	(0,50M]	(50M,100M]	(100M,200M]	(200M,500M]	(500M,1G]	(1G,2G]	总计
*.mov	0	0	0	0	2	3	5
*.avi	0	0	0	0	4	2	6
*.mpg	0	0	0	0	3	2	5
*.mpeg	16	12	8	4	0	0	40
*.mpe	0	1	1	0	6	0	8
*.3gp	0	2	1	0	3	0	6
*.rm	0	1	0	1	2	0	4
*.rmvb	3	2	1	2	2	2	12

续上表

大小 格式	(0,50M]	(50M,100M]	(100M,200M]	(200M,500M]	(500M,1G]	(1G,2G]	总计
*.rt	0	0	0	0	0	0	0
*.wmv	2	1	2	0	1	1	7
*.asf	0	0	0	0	1	1	2
*.asx	0	0	0	0	0	0	0
*.mkv	0	0	0	1	1	3	5
总计	21	19	13	8	25	14	100

对于内嵌视频格式转换模块的系统，我们将50M作为判断视频大小的阈值，小于或等于50M使用MEncoder转换，大于50M则使用FFmpeg转换。对视频画面效果的判断，由10人组成的小组进行打分评价，测试结果如表4-7。

表4-7 各种软件（方式）转换效果

		本研究设计模块	FFmpeg	MEncoder	FFmpeg+MEncoder	MEncoder+FFmpeg
总耗时（s）		37447.17	23308.21	18691.49	37040.7	39755.75
转换效率(M/s)		1.19	1.34	0.94	1.20	1.12
成功数量		100	76	30	100	100
成功率（%）		100	76	30	100	100
视频质量	非常差	1	2	0	3	3
	差	2	3	0	4	3
	一般	10	54	1	28	14
	好	57	14	1	43	48
	非常好	30	3	28	22	32

实验比较了转换后的转换效率、转换成功率和视频质量，并定义如下：

（1）单位时间转换效率指转换视频的速率。

（2）转换成功率指最终转换成功的视频数量与总视频数量的比。

（3）画面效果指通过软件转换后视频的播放效果，分为五个级别：非常差、差、一般、好、非常好。

（4）FFmpeg + MEncoder 表明视频先采用 FFmpeg 转换，再用 MEncoder 转换剩下还未转换的视频文件；MEncoder + FFmpeg 相反执行。

从表 4-7 可以看出，除了 FFmpeg 和 MEncoder 方式无法完成全部转换任务外，其他方式均可以完成转换的任务。剔除 FFmpeg 和 MEncoder 单独实施转化的方式，从单位时间转换效率指标来看，最高的是 FFmpeg + MEncoder，数值为 1.20M/s，其次是本研究设计模块的方式，数值为 1.19M/s，前者之所以比后者略高是由于后者的算法结构在处理小视频的过程中多消耗了时间。从视频画面效果来看，本研究设计模块的视频质量集中在"好"或"非常好"，质量"好"的视频文件有 57 段，"非常好"的有 30 段；其次是 MEncoder + FFmpeg 的方式，"好"的视频文件有 48 段，"非常好"的有 32 段。

综合分析可得，从成功率、单位时间转换效率、最终画面效果三个指标来看，转换效果最好的是本研究设计模块的转换方式。这种方式全面保证视频文件转换的成功率，同时最大程度降低了耗时，提高了转换的质量。

4.3.2.7 小结

EVOD 系统开放已经成为发展的趋势，当然这也带来了用户上传视频种类参差不齐的问题。本节以两种当前最流行的视频压缩和处理软件核心 FFmpeg 与 MEncoder 为研究对象，通过测试及比较分析获取两者在编码、功能、灵活性以及转化质量和速度等方面的优劣，并依此设计服务器端视频格式转换模块，解决了服务器端统一视频文件格式的要求。

4.3.3 面向复杂应用场景的实时视频流接入技术

当前在教育信息化领域，开放共享与深度应用成为教育视频资源建设与应用新趋势。精品课程录播系统是随着精品课程的建设而发展起来的系统，它极大地方便了教学录像的制作。但建设成本高，缺乏应用驱动导致使用率低等原因，也使它成了众人眼中的"昂贵的摆设"，遭受质疑。云平台汇聚资源与服务，实现系统的互联互通，为更好发挥已有设备的效益，支持广域范围内的开放和共享提供了技术解决方案。

4.3.3.1 直播服务器视频流接入技术要点及工作模式

直播服务器是接入实时视频流,并进行转发、混流等处理的基础。这就要求直播服务器以分布式部署,具有灵活的技术架构,能支持类型输入源,并且能够为多终端设备跨平台的设备系统提供直播流服务。从流媒体服务传输协议的角度,需要支持 UDP 协议(User Datagram Protocol)拉流、RTMP(Real Time Messaging Protocol)拉流、RTMP 推流、RTSP 协议(Real Time Streaming Protocol)拉流等典型接入方式;输出的视频流支持 RTMP、HTTP-FLV、M3U8、RTSP 四种传输协议,能以 h.264 + aac | mp3 编码格式来封装视音频流。

实时视频流的接入汇聚就是将录播系统等教学、教研直播设备或环境产生的直播流定义为输入源接入到直播服务器中进行链接、管理和应用。拉流(Pull)和推流(Push)是实时视频流主要采用的两种接入模式。

采用拉流的模式,首先要获取直播流采用的传输协议、视频源主机(或直播服务器)IP 地址、应用名和流 ID。例如,RTSP://202.116.38.41:554/stream/zhyz。其中"stream"为应用名,一般由设备(系统)的生产厂商自主定义,不同的设备应用名一般都会不同。其中"zhyz"被称为流 ID,作为该直播流的唯一标记。每个直播都会有一个标记这个直播的流 ID。采用拉流模式,直播服务器必须能直接访问到录播主机的 IP 地址。

推流模式的接入机制是先在直播服务器生成一个直播链接或者批量生成一批直播链接。例如 RTMP://202.116.38.45:1935/livestream/37dkiewy。在录播系统的管理模块进行设置,将流媒体视频通过直播编码器推送到上述地址。

4.3.3.2 系统集成与工程实践的技术探索

直播设备/环境不同技术的实现方案和多样化的部署,是实现大规模实时视频流的接入和汇聚面临的首要技术挑战。因为在教育信息化建设过程中缺乏统筹规划和相关技术标准,学校分散采购和分散建设,造成了当前不同型号、不同平台的录播系统设备并存的局面。另外,技术的不断发展,新旧系统设备之间的计算实现方法差异很大。我们需要面对种类繁多、系统结构各异、技术实现方式不同、功能差异化明显、部署方式多样等较复杂的局面。

本研究通过系统的调研工作,对当前珠海市中小学装备的几十套录播系统和正在进行建设的录播课室采用的设备及相应的管理平台进行归类分析,制定相应的实时视频流接入的具体实现方法，完成系统集成。

1. 建设时间较早，以封闭式直播服务为特征的录播系统采用 RTMP 推流的方式接入汇聚

该类录播系统的主机自身就是一个媒体服务器，将来自摄像头的视频信号、PC 机 VGA 信号、电声系统的音频信号进行整合录制，通过自身的媒体服务功能对外提供直播和点播服务。通常是在局域网内，师生用户通过直接访问这一主机的方式收看直播和进行点播。传输所采用的协议一般是私有协议，用户使用专用播放器（客户端软件）观看。还有一部分通过录播管理平台，启动本地播放器（例如 Windows Media Player 等）来收看直播视频。

因为该类系统没有遵循标准协议的直播流发出，所以我们需要做两步转换，将媒体播放器视频转成视频流，再通过媒体服务器进行编码以标准协议发出。具体实现方法如下：在内网 PC 机上，通过 Windows Meida Player 或其他媒体播放器播放直播视频。将该视频作为一个外部视频源，用虚拟摄像头软件（例如 e-2eSoft vcam），将直播视频虚拟成一个摄像头发出的视频信号。在直播编码器中（例如 Adobe Flash Media Live Encoder）将 Device 选为该虚拟摄像头。将直播服务器中生成的推流地址，rtmp://IP:1935/livestream 填入 FMS URL；将流 ID 填入 Stream，进行连接（Connect）。启动就可以连接到播控系统的直播服务器中，如图 4-15 所示。

图 4-15 利用 Adobe Flash Media Live Encoder 进行 RTMP 推流

虚拟摄像头软件的作用就是将录播系统直播的视频，通过"屏幕捕获"或"外部视频源"等方式采集，然后显示出来。"屏幕捕获"应用场景是将私有播放器嵌入网页，"外部视频源"适用于通用媒体播放器播放的情况。Adobe Flash Media Live Encoder 的作用是将虚拟设备采集到的视频信号，以 RTMP 流的方式发布出去。

2. 采用标准协议的主流录播系统以拉流方式实现对接

采用标准协议的主流的录播系统一般内置流媒体服务模块。该模块具有教学视频的点播、录播资源点播、录播教室现场直播等功能。在管理平台中，启动直播就可以有直播流送出。其中应用最广泛的就是 RTSP 等开放的流媒体传输协议。采用拉流模式要解决直播服务器能否找到流的问题。这包括两个技术问题：

（1）直播服务器能否在公网上访问到录播主机；

（2）录播系统的直播的端口、应用名和流 ID 的生成方式。

对于问题（1），简单的处理方式是为直播主机配置公网地址，弊端是会带来大量的安全问题，同时也受到教育城域网 IP 资源数量的限制。一般建议采用端口映射，将录播主机的校园内网 IP 转换为外部能访问的方式。

对于问题（2），需了解录播设备（系统）流生成规则和获取方法。可采用手动生成添加，最优的方式是让供应商提供 API 或 SDK，以系统对接的方式接入平台系统，以实现多种前端设备统一接入和统一调用。

系统测试和应用实践表明，采用拉流方式实现直连，系统稳定性和传输质量有保证，同时还能利用录播系统管理平台和导播平台内置的功能，输出单流单画面、全景式单流多画面、多流多画面等多种形式。采用 API 对接的方式，能对录播系统进行远程导播等相应控制，自动化管理的程度得到了提高。

3. 与区域集中控制管理的录播系统群平台级对接

随着录播系统成本的降低，许多厂商提出了区域集中管理录播系统平台的技术解决方案和产品。许多学校或区域开始批量化购置和部署，将系统软件部署在学校（区域）中心机房服务器上，协同调度分布式的硬件系统，并以 Web 服务的形式处理大规模直播、点播以及录制需求。

平台提供 API 接口，录播系统提供商定义和实现相关应用接口，将平台的接入汇聚管理与区域集中管理录播系统平台进行平台级对接。平台进行批量的接入，实现自动化批量管理，并以此为基础，自动汇聚资源，管理各种类型直播活动,有利于形成全局统筹、区域自治、上下对接的融合开放的服务体系,代表了将来的主流方向。

4.3.3.3 小结

本节基于视频云研修环境的技术架构,采用开放的 RTSP、RTMP 等流媒体协议,辅之以相应的工具软件或 SDK,以拉流或推流的方式实现了多种录播系统、已有平台的统一接入,有效地支撑了视频云研修环境的规模化部署。

第 5 章

教师知识共享研修模式构建

环境的建设与应用是相辅相成的，环境的有效应用离不开相关理论和方法的指导。本章在前期构建研修环境的基础上，从知识共享的视角提出了适合视频云研修环境的研修模式，其目的就是提高研修环境的应用绩效，促进教师的专业发展。

知识共享最早受经济学和知识管理领域所重视，后来成为一门多领域关注的基本理论，主要集中于经济学、社会学、教育学等。知识共享这个概念源于企业（组织）的知识管理领域，指组织员工或内外部团队在组织内部或组织之间，彼此通过各种渠道（例如讨论、网络会议、知识库等）进行知识交换和讨论，其目的在于通过知识的交流，扩大知识的利用价值并产生新的创造。对知识共享的关注主要集中在探讨商业组织中知识共享的应用。随着教育领域知识管理的理念日益凸显，作为知识管理重要组成部分的知识共享成为教师专业新的发展应用方向。

知识共享不仅有利于学习者个体完成知识的转化与传播，而且在某种程度上保证了网络资源的生命力与再生性。网络研修环境中教师共同体的知识共享备受关注，知识的流动与转化是网络研修环境保持生命力的基础。探究视频云研修环境支持下的教师知识共享不仅能促进教师专业能力发展，亦能为研修组织的可持续发展注入持续前进的动力。

5.1 网络研修环境中的知识共享

5.1.1 网络研修环境中教师知识共享的内涵

5.1.1.1 教师的知识

20 世纪 80 年代以来，教师的教学实践的反思者和研究者的角色认识在教师教育中受到重视。教师知识是教师个体所拥有的，是与个体、群体和组织表现相关的思想、事实、经验和判断，不仅包括实体知识，还包括对教学理性判断与推理机制；不仅包括以文档形式呈现的显性知识，还包括无法显现的隐性知识①。

教师的知识可分为两类："理论性知识"和"实践性知识"②。教师知识的形成更多的是从教师的个人生活和教育实践领域出发的，是实践的、情境的、全面的、隐性的。教师理论性知识通常呈显性状态，可以由教师和专业理论工作者所共享，是教师知识冰山显露出水面的部分，因为它的外显性、明确性、系统性和可表述性，比较容易被把握。教师的实践性知识通常为内隐状态，来源于教师个人经验，具有鲜明的教师个性特征，且隐没在教师日常的教育教学情境和行动之中，如同深藏水中的冰山的下部，因其隐蔽性、非系统性和缄默性，比较难以把握。

1. 隐性知识

主要指教师将掌握的显性知识应用于教学的实践性知识。隐性知识高度个人化，知识的一部分难以言传，采用适当的修辞手法、影像视觉符号与模型等形式表达较为适宜。隐性知识产生于教师与切身感受的环境的交互过程中，通过非正式途径在知识共享和创新的过程中获得，并且借助个人体验加以传递。

2. 显性知识

主要包含教师理论性知识和技术在内的专业知识，如学科内容、学科教学法等，是以符号、文字、图像表达的可供人们交流的结构化、理论化知识。显性知识是隐性知识的语言化。

显性知识和隐性知识实际上是不同的、互补的"知识极"，正因为它们是知识的两极，动态传递、传播、增值（知识的创造）才成为可能。有研究表明，显性知识很容易转化并可通过练习实现强化、模仿和社会化。从知识管理角度审视，教师的专业发展应立足于隐性知识和显性知识的相互转化以及共同提高。教师的专业学习要以实现教师的实践性知识发展和课堂教学实践行为的改进为目标③。

---

① 石艳. 教师知识共享过程中的信任与社会互动 [J]. 教育研究, 2016 (8): 107-116.
② 陈向明. 实践性知识：教师专业发展的知识基础 [J]. 北京大学教育评论, 2003, 1 (1): 104-112.
③ 王陆, 张敏霞. 课堂观察方法与技术 [M]. 北京：北京师范大学出版社, 2012.

5.1.1.2 教师知识共享

1. 一般意义上的教师知识共享

知识共享不仅是组织成员的个体行为,也是组织知识的构建和更新。它不仅能够促进组织个体成员的专业发展,而且能够形成新的组织文化。随着网络技术的飞速发展,更多的学习者在网络环境中发挥着自身的价值,从而提高创造新知识的可能性。目前普遍的观点认为教师知识共享是教师借助相关的技术和方法,将知识分享给其他教师,并在与其他教师的互动中把别人贡献出来的有价值的知识为自己所用,从而达到促进教师专业发展的目的①。

西门斯(Simens)在阐述联通主义时也强调,学习中心不再是知识内容本身,而是在创建个人网络行为中,个体把部分对知识的理解、掌握、加工、运用等下放给网络中的结点,把更多时间放在创建个人学习网络,每个人通过联结、知识共享等方式进行学习②。在知识共享理念下,网络环境实际上代表着知识的"生产者"与"消费者"知识传递的最佳路径。教师知识共享的实质是知识共享在教师教育情境中的具体化,教师是知识共享的主体,知识共享的对象限定为教师知识,强调的是教师之间的相互交流、彼此了解,以及实现共同进步、共同发展的过程。

2. 网络研修环境中的知识共享

基于前面的分析,知识共享可理解为知识提供者与接收者互动并实现知识转化的过程,在此过程中学习者创造内容,彼此互动,从而最大程度促进知识的传递与流动③。网络研修环境是以中小学教师和各类助学者成员为主体,支持成员进行个体学习、专题研讨、交互协作、资源共享等多种专业活动,以促进学习者专业能力发展为主要目的的学习环境④。任何知识的转换与流转均离不开情境和媒介,网络研修环境所具有的交流、学习、记录等功能则满足了这种需求。虽

---

① 赵黎. 教师的知识共享研究 [D]. 上海:华东师范大学,2010.

② Gikas J, Grant M M. Mobile computing devices in higher education: Student perspectives on learning with cellphones, smartphones & social media [J]. Internet & Higher Education, 2013, 19 (S2-3): 18-26.

③ 徐美凤,叶继元. 学术虚拟社区知识共享行为影响因素研究 [J]. 情报理论与实践, 2011, 34 (11): 72-77.

④ 马立,郁晓华,祝智庭. 教师继续教育新模式:网络研修 [J]. 教育研究, 2011 (11): 21-28.

然，借助虚拟媒体进行的知识共享过程和面对面共享之间仍然存在差异，但面对大规模教师培训的需求以及网络研修环境向线上线下融合发展的趋势，迈向网络研修环境的知识共享是符合这种发展方向的。网络研修环境中，学习者之间的知识共享是为了避免知识创新的重复投资和知识资源的浪费，从而获得更高的知识创新起点，提高组织知识创新的效率[①]。

由于受面对面环境中互动时间和空间的限制，越来越多的研究者开始使用在线网站创建教师在线学习环境，部分网站使用在线教学视频片段促进教师知识共享。来自各区域、学校的学习者加入网络研修环境，基于共同的利益和主题分享知识。网络研修环境以学习共同体为中心，连接各种网络工具，拓展了教师交互学习的渠道，形成了个人资源网络和人际交流网络，具有学习属性、社会属性和环境属性三个基本特征。网络研修环境中知识共享活动的内涵包括两层蕴意[②]：一方面，从主体视角看，网络研修环境中的知识共享活动是一种由物理链路和社交网络形成的在学习者之间完成的知识交换和创新的过程；另一方面，从客体视角看，知识交互、知识转化以及知识流转三个维度是网络研修环境中知识共享活动的主程序。该活动主要发生在学习者所依赖的组织里，也发生在学习者自身的"知识圈"里，成为不同学习组织之间进行知识成果交流的方式，如图5-1所示。

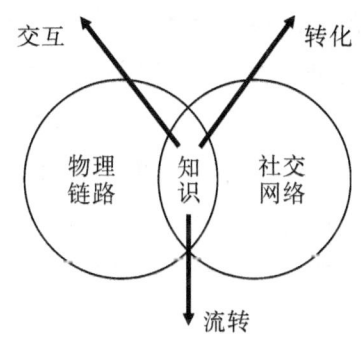

图 5-1 视频云研修环境知识共享的内涵

作为教师研修环境的高级形式，教师工作坊中的教师知识共享也受到关注。相关研究表明知识共享在教师工作坊与一般网络研修社区中有显著差别[③]。教师工作坊中的隐性知识共享是知识共享的主要行为，其知识共享的途径一方面是成

---

① Li Z, Yang F, Zhang D. The Virtual Alliance Knowledge Sharing Model and Selection Strategy [J]. Procedia Computer Science, 2016, 91: 276-283.

② 秦丹. 社会认知理论视角下网络学习空间知识共享影响因素的实证研究 [J]. 现代远程教育研究, 2016 (6): 74-81.

③ 李家黎, 刘义兵. 教师信念的现实反思与建构发展 [J]. 中国教育学刊, 2010 (8): 42-43.

员的发（回）帖所形成的知识交换与经验分享；另一方面是以文档形式呈现的经验总结和学习反思在工作坊中的上传与下载。由此可见，教师工作坊中知识共享的媒介并没有显著的改变，依然停留在文本形式这种低阶的交互。从研究的一般性角度考虑，本研究聚焦视频云技术支持的网络研修环境，教师工作坊也是网络研修环境的一类典型形态。

5.1.2 网络研修环境中知识共享的影响因素

5.1.2.1 知识共享的影响因素

目前，对知识共享影响因素的研究采用实证研究的方法较多。促进知识共享是一个复杂的任务，一个主要的挑战是组织成员与其他同事分享知识的意愿[1]。有学者认为动机可能是影响个人行为甚至是知识共享行为的决定因素，知识创新的过程不是一次性的，而是循环往复的，持续的知识创新依赖于其所需要的原动力与惯性。威瑟斯庞（Witherspoon）完成的一项萃取分析发现，知识分享者的意图、态度、奖励和组织文化有助于知识共享行为的积极发生[2]。里格（Riege）认为，影响因素包括个人因素（如信任、权力、领导）、组织因素（如社会网络、奖励制度和分享的机会）、技术因素（如信息技术系统和人员培训)[3]。与之类似，加涅总结了影响知识共享的一些重要因素，它们被归类为个人因素（例如，缺乏信任、失去动力、恐惧和缺乏社会网络）、组织因素（例如，缺乏领导能力、缺乏适当的奖励制度、缺乏共享的机会）、技术因素（如不恰当的信息技术系统和缺乏训练)[4]。组织因素是重要的影响因素之一，已被前人观察到其对知

---

[1] Akturan A, Çekmecelioğlu H G. The Effects of Knowledge Sharing and Organizational Citizenship Behaviors on Creative Behaviors in Educational Institutions [J]. Procedia-Social and Behavioral Sciences, 2016, 235: 342–350.

[2] Gong L, Zhang X. Study of the Game Theory Analysis and Incentive Mechanism of Inter-organizational Knowledge Sharing in Cooperative R&D [J]. Ieri Procedia, 2014, 10: 266–273.

[3] Yeh Y C, Yeh Y L, Chen Y H. From knowledge sharing to knowledge creation: A blended knowledge-management model for improving university students' creativity [J]. Thinking Skills & Creativity, 2012, 7 (3): 245–257.

[4] Ritala P, Olander H, Michailova S, et al. Knowledge sharing, knowledge leaking and relative innovation performance: An empirical study [J]. Technovation, 2015, 35: 22–31.

识共享有显著影响①。一项研究结果表明，比起任何网络的结构特征，社会资本在解释知识共享性能上起着关键的作用②。也有学者从收益平衡的角度来分析影响因素，如果知识共享所获得的个体的收益大于知识共享的成本，个体可以选择知识共享③。由此可见，知识共享行为的影响因素可以归纳为以下三类：技术因素、组织因素和个人因素④。技术因素往往涉及信息技术的培训和应用；组织因素的核心是社会网络，还包括组织文化、激励机制、分享的环境等；而个人因素中个人的动机和意愿起到很大作用。

5.1.2.2 网络研修环境中的影响因素

不可否认，网络研修环境在解决工学矛盾、扩展教师研修时间和空间方面有着明显优势，但同时也面临新的问题：临场感缺失，难以引起学习者的共鸣；缺少监督，学习处于无约束状态；信任感不足，深度交互学习难以进行；交互时空跨度增大，增加了知识信息传递过程中衰减或丢失的概率。网络研修环境作为一种特殊的学习环境，其知识共享的效果也受诸多因素的影响。有学者认为，虚拟空间的知识共享主要与人际关系有关⑤，知识共享是以人际关系为纽带，由拥有知识的节点向其他节点传播。也有研究人员指出，虚拟社区往往未能促进知识共享活动中个体的努力，在缺少对话过程的情况下，很多时候学习者都无视个人分享的知识⑥。同样有研究表明，网络研修环境活动中，教师的相互作用存在局限性，包括缺乏动机、互动和深度。以至于有人认为，学习者对知识共享行为的信

---

① Liu K L, Chang C C, Hu I L. Exploring the Effects of Task Characteristics on Knowledge Sharing in Libraries [J]. Library Review, 2010, 59 (6): 455 – 468.

② Lefebvre V M, Sorenson D, Henchion M, et al. Social capital and knowledge sharing performance of learning networks [J]. International Journal of Information Management, 2016, 36 (4): 570 – 579.

③ Gong L, Zhang X. Study of the Game Theory Analysis and Incentive Mechanism of Inter-organizational Knowledge Sharing in Cooperative R&D [J]. Ieri Procedia, 2014, 10: 266 – 273.

④ Paroutis S, Al Saleh A. Determinants of Knowledge Sharing Using Web 2.0 Technologies [J]. Journal of Knowledge Management, 2009, 13 (4): 52 – 63.

⑤ Tamjidyamcholo A, Baba M S B, Shuib N L M, et al. Evaluation model for knowledge sharing in information security professional virtual community [J]. Computers & Security, 2014, 43 (6): 19 – 34.

⑥ Chen C J, Hung S W. To give or to receive? Factors influencing members' knowledge sharing and community promotion in professional virtual communities [J]. Information & Management, 2010, 47 (4): 226 – 236.

心和对知识分享结果的期望是影响共享行为的主要内部因素。网络虚拟环境中，实现知识共享的最大障碍是虚拟环境中人际关系的维持。人际关系网络为知识共享提供了现实的载体、途径与动力，对话则是人际关系网维系的主要方式。网络研修环境所构建的是一种"弱关系"社会网络，难以维持知识流转的可靠性。

影响网络研修环境中知识共享的因素有传统的诸如技术因素、组织因素、个人因素，也有网络环境特有的人际关系因素。本研究认为在网络虚拟环境下，知识共享有赖于良好人际关系网络的构建，这是基本的前提和基础。知识共享发生在社会性交互的有意识或无意识的过程中，也就是说知识共享可能发生在正式学习中，也可能发生在非正式学习中。社会网络的建立为组织的形成提供了可能。组织是具有一定社会关系的人的集合，任何人都不可能游离于组织之外。个体对于组织的重要性在于组织力量源于个体力量的汇聚，而组织对于个体的作用源于组织对个体的提升。组织是知识共享的重要外部因素，学习者个体所处组织的社会关系、分享文化、激励制度等都会对知识共享产生影响。作为组织在教师培训领域的形态——群组对知识共享的影响亦如此。因此，本章将着重研究视频云研修环境如何促进群组的构建与交互。

5.1.3 视频云促进教师知识共享的作用

视频云为教师个体提供了充分的学习支持，使知识的采集和获取变得便捷、快速，使学习的发生和知识之间的转化相辅相成。传统的以个人网络研修空间管理为基础的研修环境逐渐被以云计算、视频和存储控制为基础的新环境所替代。新环境不仅为知识共享主体提供了易于交流的社交网络平台，而且为知识的转化提供了隐性的知识网络平台。

5.1.3.1 视频云改变了传统的交互模式

从满足人际关系和建立社会关系的角度出发，视频云研修环境构建了社会关系网络。这种以强链接为主要特征的新型关系网络，满足了教师对知识共享的深度交互的需求。教师在该社会关系网络中，得以无障碍交流、分享知识，迸发出思维火花。

5.1.3.2 视频云缩小了数字鸿沟

教师可更加方便地利用研修环境进行知识的检索和整理，通过不断学习进行自我革新，寻求能力突破。这一学习过程不依赖任何资金和高端设备的投入，教师只需借助简单的学习终端接入网络即可，在获取数字资源，以及与专家、名师交流的机会上没有地域的差异。

5.1.3.3 视频云变革了知识传播的方式

视频云研修环境更重视知识的沟通、共享、创新等一系列动态过程。教师在该环境中管理个人知识、发表见解、表达思想，为知识共享提供物质基础；教师也可以利用该研修环境共享人际交互、知识资源与学习路径。在整个知识共享过程中，教师不仅是知识的使用者，也是知识的创造者和供给者。视频云研修环境与传统网络研修环境在知识共享上的差异如表 5-1 所示。

表 5-1 视频云研修环境与传统网络研修环境在知识共享上的差异

要素	传统网络研修环境	视频云研修环境
提供者	可以是确定的或者不确定的	确定的，知识的提供者与接收者在需求和条件等方面有足够的了解
内容	由提供者确定	由知识的提供者和接收者双方共同确定
环境	非受控环境	受控环境，研修者的学习行为被广泛记录
交互	单向或双向，可能没有反馈	双向交流，必须有反馈
组织	以个体为主	以学习共同体为主

5.2 教师知识共享研修模式

教师群组的知识共享，旨在通过群体活动，依靠群体智慧追求和掌握教育教学新知能，获得探索教育教学新规律的能力，进而促进群组成员专业发展。在知识共享领域，SECI 模型是一个具有代表性的理论模型，它以显性知识与隐性知识为出发点，深刻揭示了知识转化、流转、共享的内涵与本质，尤其强调了"共享场"的重要作用。

基于 SECI 模型理论，依赖于视频云研修环境的支持，结合教师专业发展本身的需求，本研究构建了视频云研修环境支持下的知识共享研修模式（CV-SECI），如图 5-2 所示。该模式由环境层、交互层和共享层构成，视频云研修环境为"场"支撑环境，以二级交互为驱动力，以 SECI 过程为内核。

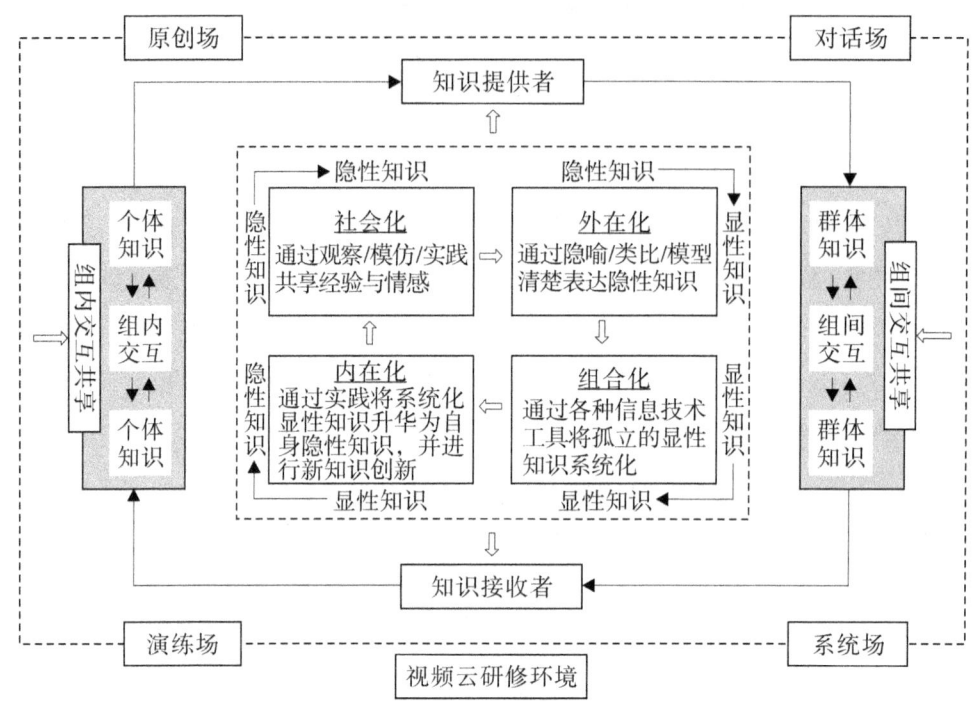

图 5－2　CV-SECI 研修模式

在 CV-SECI 研修模式中，视频云研修环境是基础和场域，二级交互是知识共享与创造的动力，SECI 过程是知识共享的核心活动。知识不可能平白无故地被创生出来，它依赖于一定的情境，也就是所谓的"场"（ba），信息在场的作用下通过解读被赋予意义，进而转换为知识。视频云研修环境为内核 SECI 过程提供四种场：原创场、对话场、系统场、演练场，包括现实空间（云教室、会议室等）和超现实的虚拟空间（网络研修平台等），知识在"场"中得以使用、分享和创造。"二级交互"是模式的动力源，组内交互中，知识在群组内个体间流转实现"初级放大"；组间交互中，知识在群组间流转实现"再次放大"。知识在不同主体间流转的过程中，学习者的角色也在知识提供者和接收者中变换。SECI过程是模式的内核，知识以显性形态和隐性形态为基本假设，通过社会化、外在化、组合化、内在化的过程实现共享与创造。知识的 SECI 过程不是简单地从起点到终点的过程，而是不断迭代和螺旋上升的过程。

5.2.1 环境层

教师研修发生在一定的境脉之中,包括知识境脉、技术境脉与社会境脉[①]。支持知识共享的研修环境,从促进知识的转化与流转的角度来看,满足了原创场、对话场、系统场、演练场的要求;从研修过程中所涉及的对象来看,它是一个集知识、技术和社会于一身的综合体。视频云研修环境是一个庞大的、系统的知识库,它不仅是教师进行交互的对象,更是教师建立彼此关联的纽带。同时,视频云研修环境是一个由人、工具、服务和资源组成的分布式环境。云教室和研修平台是研修环境的核心,该环境提供的工具可分为三类:获取信息的工具、创建和编辑信息的工具、通信交流的工具,这些工具大部分基于云计算、流媒体和大数据等技术构建。另外,视频云研修环境还可以促进社会性交互活动的发生,为高信任度群组提供保障,形成基于区域、兴趣、硬件条件等客观要件的群组。

5.2.1.1 原创场

传统原创场是一种"面对面"的交流环境,各种交互活动都是基于可感受、可体验、可直观判断的现实场景。针对直面交流的需求,视频云研修环境提供了近似真实场景的原创环境。教师可在直播、点播中观察模仿,对于不易观察、稍纵即逝的环节,在视频切片工具的帮助下精准定位,把握细节与精髓。当然,观察、模仿仅仅是开始,还需要通过其他活动实现隐性知识的分享和转移。头脑风暴是原创场中最常见的知识分享活动。传统面对面环境下,头脑风暴操作简单、易于实施,但因硬件条件所限,规模往往较小。网络研修理论上解决了大规模参与的问题,但难以通过交流促进思维碰撞和知识创生。由云计算和流媒体技术支撑的视频云环境促使线上和线下的学习者经历真实的头脑风暴过程,同时满足大规模参与的需求。视频云研修环境提供群组汇聚、电子白板、文档共享、协同浏览、桌面共享、文字讨论、私聊与交互、批注工具等功能。通过识别学习者的身份属性、信任值和语言热点,让有相同兴趣爱好的教师形成一个线上群组,降低了知识网络节点搜索的时间成本和精力成本。现场培训也是原创场中的重要活动之一,它的作用在于为知识提供者营造好的隐性知识分享的环境。现场培训在教

---

① 李卢一,郑燕林. 基于物联网的学习环境下境脉感知的构成与作用机制 [J]. 中国电化教育, 2012 (6): 9-14.

师研修中的作用是不言而喻的，情境的真实性和交流的便捷性是现场培训的主要特点。在大规模教师网络研修过程中，知识提供者借助虚拟会议室与网络节点上的知识接收者进行近距离的交流互动，弹幕技术和大数据挖掘能显示学习者最为关心的话题，而知识提供者则根据数据的可视化呈现分享的内容，对于难以理解需要可视化展示的内容，知识提供者往往借助电子白板、文档共享工具进行演示。当然，研修的过程中不乏学习"掉队"或对某一内容需要深入探讨的学习者，知识提供者可借助视频云研修环境随时搭建"点对点"辅导服务。

5.2.1.2 对话场

对话场在SECI模型中的主要作用在于促进组织的隐性知识向组织的显性知识流动，视频云研修环境所支持的对话场最显著的特点就是能提供基于大数据的课堂观察技术与方法及由此得到的课堂教学分析报告。在该报告中教师的实践知识（隐性知识）通过数据的形式得以显性化。在以分析课堂教学为主要交流活动的研修中，视频云研修环境所生成的精准化课堂分析报告为群组成员提供了分析问题的切入点。当然，对话场中只有课堂教学分析报告是不够的，促进个人隐性知识向组织显性知识转化还需要借助其他活动和工具。活动方面，借助视频云研修环境可开展深度会谈、虚拟实践；工具方面，可利用的对话工具有虚拟会议室、电子白板、文字讨论、个人网络空间、教师工作坊等。外化是知识共享的关键一步，隐性知识通过外化产生出新的、显性化的概念。教师工作坊是群组智慧协作的典型例子，它提供了进行社会交互和知识交互的空间。视频云研修环境支持下的教师工作坊实现了实践活动由现实场景向虚拟场景的转变，以及群组协作由不熟悉的"陌生人"向彼此互相了解的"同伴"的转变。实践活动是个人隐性知识跃升到组织显性知识的重要方式。通过视频云技术，教师之间建立良好的互信协作的关系，每个群组成员可以通过视频展示自己的长处，从而为协作实践打下良好的基础。在学习任务分配给群组成员后，群组成员借助研修环境实时向其他学习者展示自己的实践动态进展。活动的主持者调用视频搜索全程监控学习者的任务进展。虚拟会议室是触发知识外在化的强大工具，支持开展开放式会议、对话和讨论。通过虚拟会议室，在其他可视化工具的支持下，个人隐性知识逐渐显性化。视频云研修平台中，可信度、信用度越高的学习者发布的信息将会被自动置顶，而反复被谈论、转发的观点也会推送给群组成员。

5.2.1.3 系统场

系统场的作用在于促进教师知识中碎片化显性知识向系统化、结构化的显性知识流动,其资源主要是抽象概括的工具集合及所产生的人工制品,如教师所撰写的论文、开发的课件、制作的教具等。视频云研修环境中,学习者借助多种知识组合化工具,把掌握的显性知识以系统的架构、合理的组织方式联系起来,形成新的显性知识。在大多数情况下,系统场是超现实虚拟世界,借助信息技术将孤立的显性知识成分组合起来,而研修环境的虚拟特点恰好与之对应。研修环境提供内容搜索功能,根据学习者关键词申请,可以将所涉及的笔记、日志、图片、视频调取出来,同时以网状图的方式显示各内容对象间的关系,这样有助于为教师撰写论文、开发课件、制作教具提供丰富的素材和严密的论证。对于重点引用,但比较晦涩难懂的内容,环境还提供与内容提供者视频对话的功能,学习者可借助环境与知识提供者预约交流时间,择机对话,深入探讨。在视频云研修环境构建的系统场中,学习者同样可以将自己知识的组合化的过程以视频的方式记录起来,并设置点播节点供其他学习者参考。以上所涉及的都是基于个体知识的组合化过程。事实上,知识在由碎片化转向系统化的过程中,协作组合也是一种重要方式。对于大型项目任务,个体从局部进行组合,群组从全局进行组合。视频云研修环境提供协同编辑的功能,每个人都能在对前一个人编辑内容的理解的基础上进行再编辑,不断聚集群组成员的智慧。

5.2.1.4 演练场

演练场是建立在原创场、对话场、系统场基础上的实践性环境,它的主要目的在于促进组织的显性知识向教师的隐性知识转换。演练场需要构建探索与实践的氛围,促进组织显性知识内化为教师的教学观念和行为。视频云研修环境提供两种演练途径:一种是诸如仿真、模拟、游戏的方式,一种是诸如录播课室的方式。前一种途径中,环境提供运用显性知识的虚拟环境,在这种安全机制下学习者模拟日常教学的过程,系统不断为学习者推送各种突发问题,学习者根据研修所得判断并进行决策。显然,这种虚拟化场景下的演练对于检验组合化知识的有效性以及教师的掌握程度是非常有必要的。视频云研修环境全程记录学习者的表现,并将其作为视频案例资源,推送给群组其他相关者参考。虽然虚拟演练环境对于组织显性知识向教师个人隐性知识的转化有着独特的优势,但是知识应用的最终场景还是现实中的课堂，因此，真实环境下的演练必不可少。传统演练环境下，教师知识的内化过程得不到大范围的关注，也得不到细致入微的指导。借助视频云技术可以将教师演练的实时画面传送到每个研修终端。研修组织者针对课堂直播开展课例教研，观摩者根据教研主题发表自己的见解，这些汇聚的交互信息在大数据分析技术的支持下形成对案例有序、系统的评判。

5.2.2 交互层

交互层是连接共享层与环境层的桥梁，在一定的情境下通过各种交互活动促进知识共享，即明确"采用何种交互机制、何种交互手段实现知识共享"。网络研修中学习者交互活动的丰富性、交互行为的积极性、交互程度的深入性决定着知识共享的质量。网络研修中的交互活动时刻都在发生，其主体不仅包括在知识流转过程中随时发生着生态位互相转换的学习者个体，同时包括基于兴趣簇构成的学习者群组。交互的客体为知识本身，也就是交互的主要内容，内容性交互依赖于社会性交互。视频云研修环境具有社会性交流功能，能为知识交互提供隐形的关系网络服务。

5.2.2.1 发生在学习者个体间的交互过程

联通主义关注知识形成的过程和有意义网络的创建。该理论认为，学习是一个网络形成的过程，它不仅是个体的概念存储活动，而且是学习者主动将特定节点和信息资源连接的过程[①]。信息资源的连接必须以交互为基本前提和主要行为方式。视频云研修环境的开放性，有效弥补了以本校教师为组织的封闭空间下学习僵化孤立的局限，使每一个学习者都能以生态主体的角色参与到网络交流和互动中，而且角色随知识的提供或接收而动态变换。如果学习者在网络互动交流中扮演的是知识发布者角色，其显性知识可通过一般的网络渠道实现交互共享，而其隐性知识的显性化、社会化则可以通过视频云服务实现，最终实现所有知识的传播与共享。如果学习者在网络交流中扮演的是知识接收者的角色，其可以通过识别、检索、获取、分类与整理的方法，将知识网络中有价值的内容纳入自身的知识结构中，实现个人知识的社会化建构，进而完善自身知识体系。在网络研修空间中，学习者通过不断的角色变换，以 SECI 模型为内核，实现不同学习者之

---

① 赵建华. 网络学习社区构建的基本方法 [J]. 现代远距离教育，2007（5）：26–29.

间的知识共享。

5.2.2.2 发生在不同群组间的交互过程

在组织外部知识飞速增长的今天，组织内部的知识共享已经满足不了创新的需求。互联网经济的到来，让人们越来越切身体会地感到，组织外部知识力量将成为创新的重要渠道。视频云研修环境中，处于不同时空的学习者主动或由系统识别机制划归为某一群组。群组成为网络研修空间中除了教师个体外另一重要的交互实体对象。传统网络环境下群组间的交互往往依赖于核心成员之间的交互，也就是说群组间的交互简化为学习者个体间的交互。当群组难以达成共识或核心成员无法整合群组成员知识，或无法清晰表述群组共识时，群组间交互的效果将大大减弱。大规模研修活动的实施，使基于核心成员的组间交互逐渐被以视频云服务研修环境为媒介的群组间沟通所替代，如图 5-3 所示。

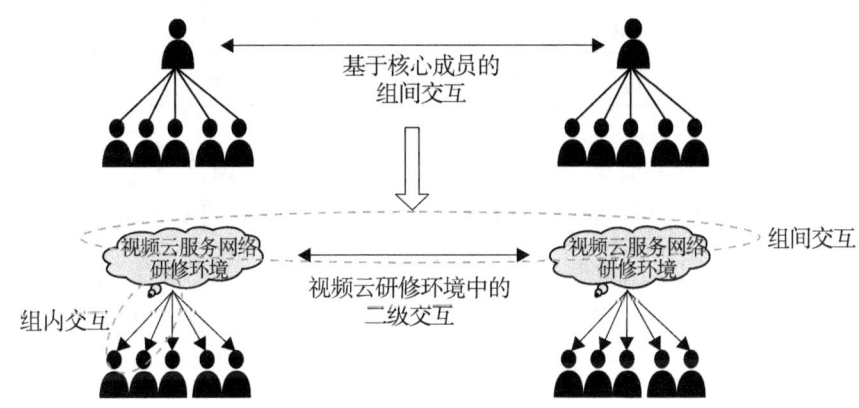

图 5-3 基于视频云研修环境的组间交互

在以视频云服务研修环境为媒介的群组交互中，环境既发挥了汇聚群组成员智慧的功能，同时为群组成员提供了与其他群组交流的可视化窗口，从而有助于社会性交互的实施。群组间交互的最大障碍来源于彼此双方不熟悉、缺乏了解和信任。组织的知识不容易被访问，在某些情况下，组织更倾向于囤积知识，直到有一个激励因素促进或影响组织知识共享意图[①]。视频云服务研修环境所构建的交互环境，能让群组彼此观察到对方成员的状况。在此环境中，对于感兴趣的交

---

① Ritala P, Olander H, Michailova S, et al. Knowledge sharing, knowledge leaking and relative innovation performance: An empirical study [J]. Technovation, 2015, 35: 22-31.

互对象,学习者可轻易调取其详细个人信息,以助判断。群组成员借助研修环境可同时进行"双轨"交互,一是群组间任何一对成员的交互,二是实时为组间交互出谋划策的组内成员交互。对于前者,针对某一领域争论时,群组中的任何一位成员均可代表群组与其他群组进行对话,而这个成员在本群组中往往具有该研究领域的权威或者话语权。至于后者,虽然群组其他成员不直接参与群组间的对话,但是可以实时观看到双方群组的交互过程,并以协作者的角色为本群组的交互代表提供智慧。基于云服务研修环境的组间交互与基于核心成员的组间交互以及开放式无群组约束的学习者交互有很大区别,如表5-2所示。

表5-2 群组组间交互类型对比

交互类型	交互方式	规范性	知识的创造性	技术支撑
基于视频云研修环境	任一成员为桥梁	有序	优势互补明显	云计算、流媒体
基于核心成员	核心成员为纽带	有序	知识共享衰减严重	Web2.0
开放无群组约束	任何学习者对接	无序	创造性较弱	Web2.0

相比于"基于核心成员"的组间交互,"基于视频云研修环境"的组间交互能充分发挥集体的智慧,同时能扩大群组成员的参与程度,减少知识流转过程中的衰减。更重要的是,后者能充分利用外部群组的知识,实现群组内共享知识的跃升。当然"开放无群组约束"的交互模式也能实现大范围的交互活动,但是交互层次低、知识创造水平低让交互活动难以为继。在一项关于教师工作坊中教师交互质量的研究中发现,社区成员之间的交互是简单的两两交互,而且一次交互完成即结束,没有围绕一个问题进行多轮的反复交互,交互的层次较低[①]。因此,构建二级交互对于促进深度交互和吸收外部群组智慧显得尤为重要。在"基于视频云研修环境"交互共享中,不仅实现了学习者个体知识的积累和重构,而且保证了群组知识的创新与质变,最终使得群组的知识体系不断得到补充和优化,使其成为一个极具生命活力的不断进化为新平衡的知识场。

以上简要分析了交互层的交互特点,对 CV-SECI 研修模式的交互层涉及的对象与交互机制仍需继续进一步探究。

---

① 张思,刘清堂,朱姣姣,等. 教师工作坊中的知识共享行为研究[J]. 现代远距离教育,2015(5):49-55.

5.2.3 共享层

共享层是 CV-SECI 研修模式的核心层，在环境层所提供的"场"的支持下，以及交互层的动力驱动下实现知识的共享与创造。共享层延续了 SECI 模型的逻辑结构，除了在"场"和动力机制方面的不同，在知识源方面也有差异。在视频云研修环境中，组织外部知识不容忽视，是知识创新的重要源泉。因此，共享层在实现知识共享和创造的效益方面迈出了更大步伐。

5.2.3.1 共享层在教师专业发展中的作用

1. 学者型教师的角色与成长

学者型教师在视频云研修中起着举足轻重的作用。与一般教师相比，学者型教师的隐性实践性知识更为丰富和优质，是教师群组专业能力水平提高的宝贵资源。在共享层中，学者型教师在原创场中扮演示范、点拨和评论的角色，在与群组成员的交互中产生经验性知识资产。在紧随其后的对话场中，譬如研讨会议、学科座谈或网络教研论坛中，学者型教师则负责论述、解说、分析，通过与成员对话交流，分享个人对教学案例的思路和认识，或在名师网络论坛中表述该事件的过程，在此过程中形成概念性知识资产。经群组成员的对话交流、思维碰撞，学者型教师就某一教学事件/问题的隐性知识越来越明晰，促使其本人或群组成员在系统场中（如通过搜索引擎、研修平台等）对该问题进一步反思与梳理以形成较为完善的综合性知识资产。学者型教师形成的有效教学模式、策略、方法等综合性知识资产具有极强的可模仿性和操作性，通过群组成员的教学实践以及个性化解析，逐渐内化为"即取即用"的操作技能或习惯，最终形成实用型知识资产。在此过程中，由于学者型教师积极参与群组的研修活动，其自身专业水平在汲取其他教师的知识资产后亦获得发展。

2. 新手型教师的角色与成长

新手型教师的专业成长过程是个不断参与共享层循环的过程，其不因"新手"而被定位为"被动"接纳的角色。在学者型教师的指导性框架的帮助下，在合法的参与过程中，新手型教师积极参与群组成员的对话协商，参考、借鉴和应用学者型教师和群组创造的知识资产，完成对所关注的教学环节/问题的意义建构，同时个人知识身份在共享层循环过程中的定位也逐渐清晰。譬如，在以有经验的教师为代表的信息技术应用中，新手型教师运用信息技术开展教学的效果可能不佳，但他们对课标、教材和学生的把握较为成功。因此，这类所谓的新手型教师并不是被动的参与者，反而在群组的知识创造中是良好的合作者，其在参与的过程中始终居于中心位置，在共享层不同时期体现不同的话语特色。因自身信息技术应用能力不断得到发展，这类教师由技术的新手变成业务骨干，甚至成为学科与信息技术专长的学者型教师。

5.2.3.2 共享层研修活动设计

SECI 模型阐述了知识共享过程中隐性知识与显性知识之间相互转化的过程，科学刻画了视频云研修过程中知识共享的内在机制。基于 SECI 内核对教师视频云研修的过程活动进行设计，如图 5-4 所示。

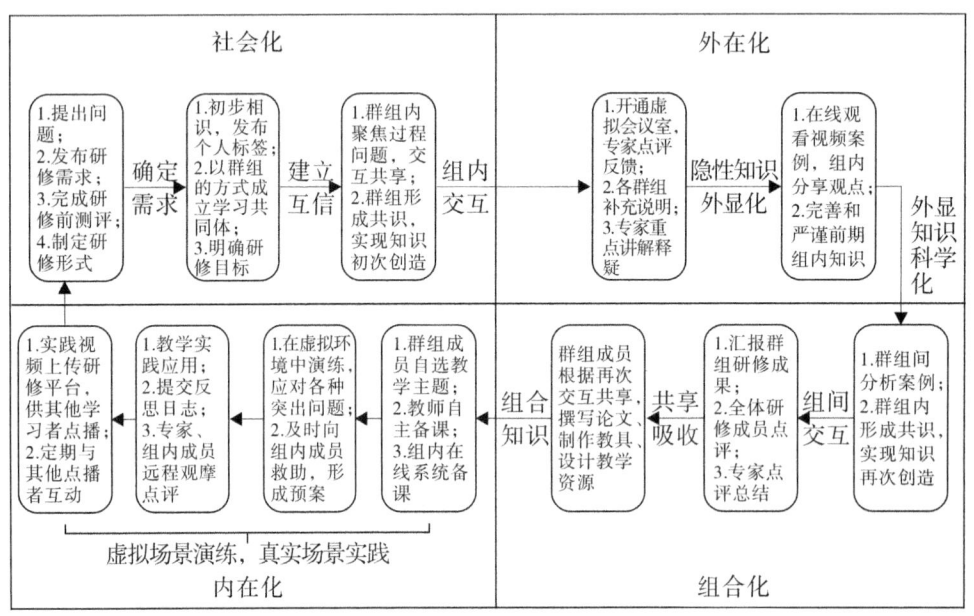

图 5-4 基于 SECI 内核的教师研修活动设计

1. 社会化阶段

隐性知识可以意会但难以言传的特性决定了其表达与获取的方式在多数情况下应当以观察、练习、模仿和实践等亲自体验的方法来实现。对于在职教师而言，他们所拥有的教育教学的知识只是其知识储量的冰山一角，实际教学中每个环节蕴含着更丰富的隐性知识和技能，包括学科内容知识、教学法知识、技术知识等。

社会化是教师之间彼此共享隐性知识的过程，其过程主要发生在群组内部。

在设计教师研修活动时，首先要明确教师教学中存在的问题，以及教师对研修的需求。然后，教师通过发布个人标签的方式，由云平台基于兴趣簇、信任值、教研安排等方式组成研修群组，组内成员关注研修问题并开展组内一级交互，促进隐性知识的共享。

(1) 分析学情，确定研修需求，制定研修形式。

视频云研修环境具有学习活动和学习管理的功能，包括学习测试、研修活动定义、创建与执行、在线学习资源的下载与推送、在线研修过程追迹与管理等研修活动。因此，设计如下4个在线活动：分享教学问题、调查研修需求、完成研修前测评、创建活动并推送资源。视频云研修环境能够智能分析教师参与研修活动的情况，并能够及时将过程数据反馈给学习者。研修专家根据教师所反映的现实问题提炼出典型问题，通过研修前的测评了解教师解决问题的水平，据此设计符合要求的活动类型，并创建学习活动，根据研修进程推送教师所需要的资源。

(2) 初步相识，建立研修群组，明确研修目标。

内容空间的知识交互的前提是社会性交互。营造互信的环境氛围，形成具有共同兴趣或价值观的学习群组，能够促进社会性交互。视频云研修环境支持学习者借助实时视频、彼此的信任以及学习者个人信息建立或加入群组。由于群组中的教师来自不同的学校，甚至是不同的区域，这些身份各异、教学经验不尽相同的学习者组成了研修环境中宝贵的资源。群组成员根据研修要求拟定本群组的研修目标，从而指导研修活动的开展。

(3) 聚焦研修过程问题，组内交互共享实现知识初次创造。

教学环境的不同，学习者教学经验的差异，知识储备的高低决定了群组内成员纵使经历相同的研修过程，也会有不同的研修体验，自然也就产生不同的疑问。群组成员聚焦关键问题与常见问题，通过组内专题研讨、头脑风暴等方式，集聚群组智慧，实现问题初步解决。在此过程中，因成员交互，隐性知识实现了由教师个人向群组其他成员的共享，知识创造由组内而生。

2. 外在化阶段

外在化过程能够检验个体与群组隐性知识共享的程度及新技能创生的效果。科学研究表明，隐性知识的学习需要良好的心智模型。当教师面临新的学习内容时，传统信息技术环境下信息表征的单一局限性让学习者难以完成隐性知识外在化。

知识的外在化是教师通过类比、隐喻和模型等方式实现深度沟通，是知识共享的关键阶段。视频云研修环境为该阶段提供对话场，通过可视化交互实现隐性知识向显性知识的转化。在本阶段，针对前一环节各群组内已经初步形成的知识创新成果，借助虚拟会议室开展点评与解说活动，实现知识提供者与知识接收者的双向互动，以此推动隐性知识向显性知识转化。当然，观摩学习其他优秀群组的教学案例，对于完善组内知识成果大有裨益。

（1）开通虚拟会议室，在可视化环境中实现知识提供者与接收者的互动。

可视化的环境能够营造身临其境的感觉，有效促进视频云研修环境中的社会性交互和内容性交互。研修专家对群组内的共享成果进行点评，并从专业性角度提出质疑。群组的成员则针对专家的质疑，不断补充辅助理解的佐证材料。在此过程中，群组成员需要借助电子白板、文档共享、桌面共享等工具通过类比、形象化的手段使得艰涩难懂的内容易于被直观感受和理解。专家则通过抛出问题和复述个人理解推动交互活动。群组与专家作为知识提供者和接收者的角色在交互过程中不断变化。

（2）观摩优秀案例，汲取精华完善前期组内知识。

观摩组外的优秀视频案例也是自我学习和提升的一部分。研修专家向各群组推荐优秀视频案例包，各群组围绕本群组已取得的阶段性知识成果，对视频案例进行有针对性的剖析，并将群组形成的共识纳入原有的创造性知识体系中。视频云研修环境提供视频切片分析工具，将大视频按照一定的规则切割为知识颗粒，群组成员围坐在云终端讨论视频案例可借鉴之处。讨论过程中群组的隐性知识和视频案例所蕴藏的隐性知识进一步被挖掘和显性化，从而为下一阶段的组间交互提供丰富的知识源。

3. 组合化阶段

联结化过程是学习者对新知识进一步整理、消化和建立连接点的过程，也是学习者是否能理解知识，是否能构建个人全新知识的一个基本特征。把一个个孤立的、彼此不相关的知识和技能进行联结，建构成更大的整体是组合化阶段的主要工作。心理学感官通道的研究成果表明，当通道能提供表征事物互补的信息时，学习者对知识的理解会更加深刻。以互联网、云计算、流媒体等技术为基础的视频云研修环境高度重视学习者的内在需求，以富媒体方式全方位表征知识，以知识"颗粒"为单位，充分实现知识结构化，形成知识体系，整合各类来源

（新—旧、组内—组外、群组—专家等）的知识，实现显性知识的系统建构。组合化主要通过文字、图片、视频以及其他物化形式将分散在各群组成员的、零散的、不成体系的显性知识联系起来。

（1）组间共同分析案例，实现知识再次创造。

两个或多个群组结成学习共同体，对同一案例从不同的观察视角分享观点，促进群组间知识的流通，有力地拓宽问题解决的广度和深度，增强群组共有知识的容量和质量。群组中每个成员都能成为群组间交互的纽带，当针对某一话题开展深入探讨时，群组则通过关键成员建立联系，而其他成员通过研修环境提供的组内交互模块为关键成员提供智力支持。群组通过共同分析探讨视频案例，共享智慧，在质疑、协商中不断完善群组知识，实现知识再次创造。

（2）汇报群组研修成果，实现大范围共享。

经过前面两次知识创造，群组知识的完备性、严谨性和科学性得到了质的提高。为了让更多的研修参与者了解群组知识创新成果，群组开展阶段性成果"发布会"，通过视频直播的方式向群组外的学习者广播。学习者包括专家通过各种终端随时随地进行观摩点评。直播画面则利用大数据挖掘技术不断汇聚点评的热点词，并建立它们的联系，从而帮助研修参与者把握群组知识的脉络与核心思想。

（3）群组成果物化，实现知识组合的飞跃。

创新知识组合的最高境界就是形成物化成果。物化成果形成的过程往往具有项目实施的特性，这就决定了需要协调各类要素，采用合适的组织方法，将优质的资源充分整合起来。整合的逻辑性与方法论起到了关键作用，当然也离不开视频云研修环境的支持。视频云研修环境能够为学习者提取、汇总、分类素材提供帮助，同时针对非群组本源性材料提供与原创作者的远程交流。面向教学一线的物化成果形式一般为论文、课件、教具等，这些成果接地气，服务于教师的教与学生的学。

4. 内在化阶段

网络学习环境的构建理念主要体现在对数字资源的"藏"与"用"的观念上，特别强调教师网络研修平台中必须储"藏"较为丰富的资源，才能支持研修教师更好地使"用"资源。以教育网为依托，以计算机网络技术、数字传输技术、数字化音频技术、存储压缩技术等信息技术所构建的云教室集实时录制与点播、及时点评与反馈、资源无限共享等优点于一身。借助视频观摩，学习者进入示范教师所构建的情境中，深刻体验和感受无法亲身经历的教学现场。

在虚拟的情境中演练，在真实的情境中实操，在对比中体验，为显性知识和隐性知识的相互转化创造条件。教师的隐性知识以实践性知识为主要形式[1]，教师隐性知识的创生依赖于复杂教学实践问题的解决来实现，教学实践既检验了知识迁移的效果，同时促进了隐性知识的固化。

（1）自选教学主题，开展自主备课、组内在线协同备课。

群组成员围绕研修目标和群组要求自选主题，撰写教学设计，完成自主备课，并将教学设计推送到协同备课系统。随后，成员在群组内开展协同备课，以微批注、协同编辑、添加评论等方式进行协同教研。协同备课的过程中，群组成员的个体隐性知识在质疑、协商和总结中实现了分享。

（2）虚拟情境中演练，形成实践活动的完备预案。

虚拟情境中演练的优势非常明显，其作用主要有二：一是让教师在实际条件不成熟的情况下，有一个"体验"的过程，满足教师随时操作、随时巩固的意愿；二是为真实情境下的实践提供准备的机会，针对预演过程中的突发问题形成积极预案，从而有助于实践活动的顺利实施。毫无疑问，预案的设计促进了显性知识向隐性知识的转化。

（3）真实情境的教学实践，远程直播共评与共赏。

为了促进教师实践性知识的发展，更多的教师学习活动应当是以实践为驱动的，完整的教师学习过程还需将线上学习延伸到线下实践，课堂实践才是检验教师学习效果的试验场[2]。课堂实践是教师显性知识内化为隐性知识的试金石，显性知识的应用具有易变性，而隐性知识则固化在教师的观念和行为中，不易受环境的干扰，课堂实践才能凸显教师学习的效果。通过录播系统将教师课堂教学延伸到云终端，供所有感兴趣的专家和教师观摩和点评，而授课教师在课后则根据云平台所收集的反馈，以反思日志的形式在研修平台共享。

---

① 康晓伟. 论康纳利和克兰迪宁的教师个人实践性知识思想［J］. 外国教育研究，2016，43（05）：90-98.

② 陈莉，刘颖. 从教师培训到教师学习：技术支持教师专业成长的途径与策略［J］. 中国电化教育，2016（4）：113-119.

(4) 实践视频以供点播，定期互动研修不止。

经过精心打磨的实践案例视频是优质的学习资源。授课教师将该视频上传到视频云研修环境，供其他学习者借鉴，或者供其他群组研习，使得这类生成性资源能得到更大范围的共享，推动下一个 SECI 过程的实施。案例资源的提供者则根据研修环境中阅览者的反馈，定期与之开展远程视频互动，拉近兴趣簇的隐性成员与群组的距离。

情境学习理论认为学习不仅是个体在情境中建构意义的过程，更是在一定的社会文化背景下，以资源工具为中介的社会性、实践性参与过程。联通主义学习理论也认为学习是一个形成知识网络的过程，位于知识网络节点的个体需要通过交互增强联系，从而满足知识共享时的快速和大范围传播的要求。CV-SECI 研修模式以视频云研修环境为"场"，以二级交互为驱动力，以 SECI 过程为内核，有力促进了"远距离、大范围、多层次、高质量"研修的实施。

5.3　视频云研修环境中的群组

在社会日益网络化的今天，以交往活动为核心是社会建构主义知识创造论的一个显著特征。同时，非正式学习者也需要将分布于环境与其他成员之中的信息充分挖掘出来，使信息变得"社会化"，在分享中实现认知，在认知中促进共同发展，这也是正式学习者所追求的"从独白走向对话"，从"个体式学习"走向"合作式学习"的基本思想[①]。学习由个体式向合作式的转变不是简单的"1 + 1"的过程，它引发了学习环境的重构，将学习带入了群组交互协作学习的时代，知识交互主体的改变带来了知识共享的新变革。知识共享是视频云研修中最频繁的活动，其主体不仅包括在知识交流过程中随时进行着生态位相互转换的学习者个体，还包括由不同学习者构成的学习者群组。可以说，视频云研修环境中教师的知识共享是在群组层面发生的。

在上一节，对 CV-SECI 研修模式进行了较为深入的分析，但并未对该模式所涉及的研修对象与交互机制进行深入探讨，接下来将着重研究这两方面的内容。

---

① 董京峰，王伟娟，朱立波. 社会性软件促进非正式学习 [J]. 中国远程教育，2009 (7)：41 - 46.

5.3.1 知识共享中的群组

群组是构成研修中教师知识共享的基本单位和核心实体。教师研修过程中，学习者个体的学习行为更多时候被纳入更为广泛的群组行为之中。那么，视频云研修环境如何促进群组的构建，将是本节研究的重点。

5.3.1.1 群组

1. 群组的概念

群组作为群体协作的基本形式，在社会科学领域中已有很多研究，不同的学科从不同的角度给出了定义。计算机技术环境研究认为，群组是泛在网络获取物理世界环境信息的重要媒介，群组部件间的协同工作能够将工作的绩效发挥到更高的水平①。学习理论研究认为，群组是学习者以小组形式参与，为达到共同的学习目标，在一定的激励机制下获得个人和小组习得成果最大化而合作互助的一切相关行为②。群体心理学研究认为，人们的学习、生活等都具有群体性，一个人通常不只属于一个群组，可以同时是若干群组的成员。

教师学习群组是以教师为主体，基于教师共同愿景目标，通过建立一个合作关系来相互学习、共同提高、解决问题的有效的教师学习共同体。实质上，群组工作由一组群组活动组成，包括个人工作和群组协同工作。从不同的研究角度可知，群组协作的最佳状态应该是达到环境协作与关系协作的统一。研究表明，如果学习者觉得自己属于一个群体或社会的一部分，他们能更有效地参与组织学习③。

2. 群组的类型

从知识的角度来看，根据知识提供主体与知识共享的密切合作程度，学习者可形成不同的知识群组。有学者定义了群组共生关系的三个层次：分散合作群

---

① 曹建福. 智能体群组协同控制若干问题研究 [D]. 上海：华东理工大学，2015.
② 胡立耘. 信息技术与教育 [M]. 昆明：云南大学出版社，2010.
③ Yilmaz R. Knowledge sharing behaviors in e-learning community：Exploring the role of academic self-efficacy and sense of community [J]. Computers in Human Behavior, 2016, 63：373 - 382.

组、半紧密合作群组和紧密合作群组[①]，如图5-5所示。

分散合作群组没有与知识提供主体的合作与合作协议，群组成员的合作是偶尔和非必要的，并且是不确定的。这种类型的合作往往让位于群组成员与外界的其他合作。

对于半紧密合作群组和紧密合作群组，它们有稳定的共生关系、合作协议和群组利益。知识内容不同层次的共生伙伴的共享是多种多样的。分散合作群组知识共享活动最贫乏，共享质量不高，教师彼此受益较少；紧密合作群组知识共享活动丰富，共享效益较高，教师均能获得专业能力发展；半紧密合作群组居中。视频云研修环境所追求的是紧密合作类型的群组，这类群组有助于知识共享的发生。

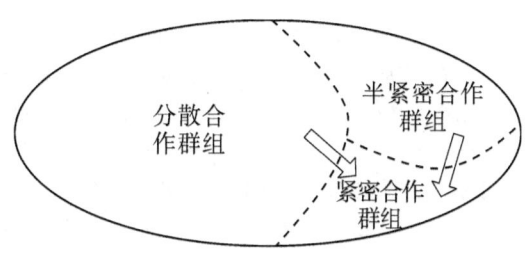

图5-5　视频云研修环境中的群组类型

视频云研修环境中的不同类型的群组间并未有严格的界限，也就意味着群组由一种类型转化为另一种类型不仅是可能的，而且是一种常态。正常情况下，群组类型的交互转化是随机和无序的，三者的相互转化处于动态平衡之中。在追求转化为紧密合作型群组的目标下，群组由分散转化为半紧密，由半紧密转化为紧密是群组研究的方向。群组成员间的紧密程度与群组信任有紧密的关联。在组织中获得个体优势就是要保持个体对于组织的独有价值，但分享却在一定程度上削减了这种价值，因此知识分享得以存在的关键因素就是能够克服这种"预知的风险"，克服这种风险就要组织成员之间形成信任关系。

3. 群组的价值

知识只能由个体创生。组织自身不能创生知识，组织的作用是支援和激励个体的创生活动，为个体提供适当的环境。研究结果表明，具有集体主义取向的学

[①] Liu R, Tian P, Wang W J. An Empirical Study on Influencing Factors of Knowledge Sharing in VCoPs in Chinese Cultural Context [J]. Information Science, 2012.

生愿意向同行分享显性知识和隐性知识并开展更开放的合作[①]。群组交互是群体成员之间交互共享的一个过程。交互是基于共享的，共享是基于交互的，交互共享是相辅相成、互相统一的，在潜移默化中完成五层知识递进建构——信息的共享和对比，发现并研究想法、观点或陈述中存在的分歧和矛盾，对知识意义的协商和共同建构，对被提议的综合意见的测试和修正，新意义建构的一致表述和应用——从而实现群体中隐性知识到显性知识的转化、个体知识到公共知识的转换。相比单一学习者活动而言，群组协作在知识实质、知识形式、知识旨趣这些知识建构维度上有着独特的优势，如表5-3所示。

表5-3 群组交互对于知识建构的影响分析

知识维度	个体单一学习者	群组协作学习者
知识实质（理解与同化）	按照已有的知识结构去理解同化知识，存在着理解不透或没有相关知识结构等情况	将个体知识结构联结并同化，从而达到对知识深层次的理解，集体的智慧加强了整体的学习能力
知识形式（交互与共享）	学习是单一、孤立的。知识偏向于静态知识，缺乏多向思维的交互与共享	知识在不同的学习者中以不同的形式存在着，不同的形式汇聚在一起，促进了知识的交互与共享、内化吸收
知识旨趣（反思与升华）	由于没有受到其他学习思维的冲击，思维的拓展受限，自我反思能够促进知识的理解与吸收，但反思的维度是单一	隐性知识和显性知识在协作者个体之间相互转化、共享和互动，隐藏在群组中不易被挖掘的隐性知识就会被显化出来，达到一个新的知识状态

5.3.1.2 群组理论

群组理论中有两个比较关键的理论，分别是群组认知理论和群组感知理论，前者侧重于对群组本质的理解，后者侧重于个体与群体的依附关系。群组认知理论是格里·斯塔尔（Gerry Stahl）基于认知理论提出的技术支持的协作学习和群体交互的分析和理论框架，其核心的思想是：认知和学习不仅在个人层面上，而且在群组和社会层面上。群组是知识建构的基石，交互是知识建构的动力；群组以多种形式构建知识，包括个体知识、已经内化在群组内的隐性知识以及专门化

[①] Arpaci I, Baloğlu M. The impact of cultural collectivism on knowledge sharing among information technology majoring undergraduates [J]. Computers in Human Behavior, 2016, 56: 65-71.

和明确外化的共享知识。群组认知包括三个主要方面：群组结构（group formation）、解释角度（interpretive perspectives）和知识协商（knowledge negotiation），其中关键的是构建协作认知。群组认知的现实形态是群组研讨，它是群组知识形成的关键，对群组研讨过程的分析能使群组学习外显出来。

视频云研修环境中，感知其他学习者信息是学习者正确和高效参与交互学习的基础。20 世纪 80 年代，日本著名学者岗田（Okadaic）提出了完整的群组协作过程模式，包括五个层次：存在、意识、沟通、协商和合作。曹阳等人也认为，让学习者感受到学习同伴的存在（即能够了解同伴在干什么的信息）能够调动学习者发言的积极性[①]。受此启发，可知通过视频云技术获取群组成员在关系空间和学习内容空间的基本信息，对知识共享显得尤为重要。

5.3.2 高信任关系的群组构建

5.3.2.1 群组感知的基础

参与网络研修的教师普遍认为，基于网络的交互缺少了面对面情境中交互的丰富性和信任感，应当为身处网络两端的学习者提供有关同伴的信息，这些信息被学习者感知并融入自己的行为参考系统，经判断后做出行动的调整以适应群组的协作工作。对于影响人际交往信任的因素，存在着不同的分析视角，源自梅耶（Maycr）和戴维斯（Davis）的研究成果具有一定的代表性。他们认为，有三个因素影响组织信任：信任人的特点、被信任人的特点以及预期的风险[②]。传统网络研修环境中教师在没有足够信息的情况下，彼此间的信任是缺乏基础的，学习者出于对陌生人的顾忌，难以聚集成为紧密合作群组，群组处于分散状态。群组由分散合作走向紧密合作，由个体学习走向协作学习，需要建立群组感知的环境，让个体感知到群组其他成员的存在，这个环境便是上一章我们所建立的视频云研修环境。

---

① Yang C, Greer J. Supporting Awareness to Facilitate Collaborative Learning in an Online Learning Environment [M] // Designing for Change in Networked Learning Environments. Springer Netherlands, 2003: 183 – 187.

② Mayer R C, Davis J H, Schoorman F D. An Integrative Model of Organizational Trust [J]. Academy of Management Review, 1995, (3).

5.3.2.2 群组感知环境

1. 群组社会感知

研修环境中不同时间、空间的学习者因某种知识或话题的共同兴趣而聚集在一起，形成了一个各具特色的学习者群组。在我们从事协作任务时，如果自己的行为能够被同伴感知的同时也能感知到同伴的行为，我们会下意识表现出自信和积极的态度。视频云研修环境能够感知、采集、分析群组成员的学习行为，并以可视化的方式供其他成员参考，从而有助于学习者在可见的环境中开展可控的学习。在视频云支持的研修中，学习者一方面参与和学习任务有关的活动，另一方面也进行一些基本的日常交流，对这些信息进行统计和展示能够激励学习者积极参与学习交流活动，如图5-6所示。

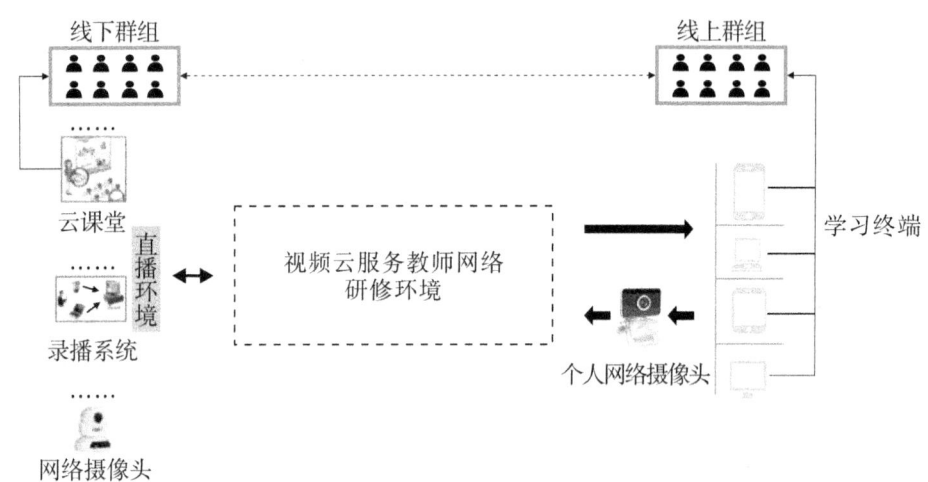

图5-6 视频云研修环境对群组社会感知的支撑

（1）信任建立机制。

参与研修的教师有四类：第一类是位于云教室进行教学实践的教师，担当教学示范展示的任务，为研修活动提供鲜活的直播视频资源；第二类是位于云教室参与研修的教师，这些教师基于相同的兴趣、追求组成一个线下的研修群组；第三类是视频云研修平台的线上群组；最后一类是位于学习终端的教师个体（新加入的教师）。前两类教师的研修行为由云教室的录播系统采集，后两类则由教师个人网络摄像头采集，并汇聚成数据流分发到各研修终端，如图5-7所示。

第 5 章　教师知识共享研修模式构建

图 5-7　基于信任的可视化交互

教师的学习终端实时显示参与研修的所有学习者，居中部分为展示课或者汇报课教师的教学课堂，左侧为参与研修的教师个体或群组，以列表形式呈现。上线的教师直接以其视频显示，未上线的教师则标注灰色。授课教师的课堂教学行为、线下群组的交流互动行为以及其他观摩教师的个体行为清晰可见，可以为学习者提供初步的信息判断。当鼠标滑动到某一研修者的显示界面时，若是个体研修者，则会显示该研修者的信息，包括姓名、教龄、学科以及研究专长等；若是研修群组，则会显示单位名称、群组学科、成员人数等信息。这些信息可为学习者寻找研修组织或研修同伴提供基本参考，从而有助于分散合作群组向半紧密合作群组转化。

通过初步接触，学习者对参与研修的教师或群组有了初步的印象，学习者若想与某一个参与者进行深入了解，可点击该视频框，并发送消息。收到消息的学习者或群组组织者可根据对方的基本信息和视频判断是否需要应答。由于有实时视频作为保障，学习者个体之间、个体与群组之间、群组之间能建立较为牢固的信任关系。一旦新加入的学习者与已有的学习者建立了可信赖的关系，则其信任值会有一定程度的增加。类似地，若该学习者与群组建立了同样的信赖关系，则信任值也会增加。学习者与其他教师、群组建立的交互关系越多，其信任值越高，那么其被群组接纳以及被成员主动交互的机会就越大，于是紧密合作群组就

越容易被构建。

因此，在实时视频、信任值以及学习者个人信息的支撑下，群组成员间建立了有效的信任判断机制，从而为进一步交互学习奠定基础。

（2）过程互知机制。

了解其他学习者的学习过程，是教师一直以来的诉求。通过对其他学习者学习过程的了解，可以进一步增强教师对其他学习对象的判断，从而有助于知识分享过程的实现。了解其他学习者的过程其本质也是比较提升和监督的过程。参与研修的教师都在摄像头（录播系统、网络摄像头等）的录制之下，其在研修平台的操控信息被记录，研修的过程通过网络传递到每个学习者的终端，学习者的表现如何，是否乐于与他人交流，应用技术的熟练度等都一览无遗。学习者可根据群组中其他成员的学习过程表现，决定与之建立一对一的交互关系，还是选择屏蔽该学习者。由于每个学习者的学习过程都被其他学习者借鉴和参考，在这种无形的监督之下，学习者往往需要保持较高的参与热情和积极的互动姿态，这个过程中紧密合作群组成员关系得到深度巩固。一旦学习者学习过程表现不积极，其消极表现被视频记录并被众人周知，那么与之建立关系的教师也就越来越少，其参与的群组也可能将其剔除。视频云研修环境有力推动了研修过程的互知机制，在互知机制的支持下，群组成员结构得到进一步优化，其关系亦愈发紧密。

2. 群组认知感知

群组交互协作的质量高低取决于学习者在多大程度上了解研修同伴的知识和技能。视频云研修环境的群组认知、感知工具能够提供研修同伴关于协作任务理解的知识，据此知晓对方的基础，明确自身的优势和不足，有助于成员间在交互过程中能够清晰地了解求助对象，从而减少认知负荷和不必要的检索行为。视频云研修环境的视频协同标注、文档共享编辑、白板互相操作、桌面协同浏览能够为学习者提供了解同伴知识和技能的途径。

（1）视频协同标注。

视频云研修环境的视频标注功能是学习者了解同伴知识和技能的重要渠道。作为专家用户，可以对视频课例进行专家评论，通过调整视频播放栏中的起点与终点按钮，将输入的评论、评分的内容嵌入到相应的视频片段，如图5-8所示。学习者则可以根据专家的指导性意见进行视频标注，若有多个学习者对视频进行标注时，则页面右侧呈现最新标注的信息（视频片段起止时间，以及每段视频的评价内容)。视频标注在一定程度上反映了教师的教学基本功,没有熟练的教学基本功和深入的教育教学理念,学习者很难对教学案例作深入的分析。通过视频协同标注,学习者可以从侧面了解其他成员的教学实力。

图 5-8 视频协同标注

(2) 文档共享编辑。

文档共享编辑主要应用于教师实践教学过程中,其目的在于通过各学习者参与编辑,不断完善授课教师的教学设计,进而促使高质量教学的实现。文档共享编辑一般由授课教师发起,然后将文档共享给群组其他成员,同伴依据个人理解进行标注,提出修改意见。提出的修改意见可以是文本格式,也可以短视频形式内嵌于文档,任何教师均可在其他教师意见的基础上提出自己的想法,以供授课教师参考。文档共享编辑与视频协同标注具有类似的功效,研修者可在协作的过程中逐步加深对同伴的了解。

(3) 白板协同操作。

这里的白板特指电子白板,是内嵌于视频云研修环境的展示工具。电子白板在教师研修中得到广泛应用,能够为学习者提供针对某一问题的笔迹操作。每个学习者可选择不同笔迹,在活动组织者的安排下描述对问题的看法,同时配有相应的语音解说,如图 5-9 所示。在电子白板的协同操作中,学习者能够了解各成员的教学功底,从而有利于确定协作伙伴。

图 5-9 白板协同操作

（4）桌面协同浏览。

桌面协同浏览常见于一些技能性操作任务中，比如介绍某款软件的使用方法。活动一般以授课教师授课开始，授课过程中，学习者可借助桌面协同浏览在视频屏幕上进行标注提问，授课教师则稍作停顿对学员的疑问进行详细解说，以消除学习者的疑惑。学习者的提问也能反映其学科专业水平，从问题的专业深度、涉及的知识面、提问的技巧等都可或多或少地窥见学习者的学科功底。

5.4 视频云研修环境中的交互

云技术的发展为学习者提供了一个跨时空、个性化、教育资源高度共享的互动学习环境。有研究者认为互动是任何学习环境中最重要的组成部分[1]。交互是

---

[1] Joksimović S, Gašević D, Loughin T M, et al. Learning at distance: Effects of interaction traces on academic achievement [J]. Computers & Education, 2015, 87: 204-217.

视频云研修环境中不可或缺的因素之一,它是驱动研修实施的动力。

5.4.1 知识共享中的交互

5.4.1.1 交互的概念

1. 交互

"交互"常称为"互动",交互本身的词义为"相互作用"。无论是在现实环境下还是虚拟环境下,交互随时随地存在。互动的定义,在不同的背景下,因参与者和他们的参与水平而有所不同。瓦格纳(Wagner)从功能的角度看待互动,她认为互动涉及各种形式的沟通,每个交互包含至少两个互补的、相互关联的、发生在两个对象之间的事件①。美国远程教育家穆尔(Moore)于1972年提出"相互作用距离"理论②,该理论强调对话在远程教育教与学过程中的重要性,师生、生生通过对话,大大缩短了现实存在的距离感,提升了学习效果。

交互最初是致力于各个领域的人际传播③,互动定义似乎植根于双向沟通过程中,强调互惠。交互对学习的作用是不言而喻的,具体表现在可以促进知识的精细化和记忆,提升学习者自我管理的能力,增强学习动机,促成理解层次的协商,有利于学习者积极探索并发现新的内容。

2. 交互与知识共享的关系

网络研修环境中的教师知识共享是一个组织(人文环境与物质环境)背景下,以知识转移为焦点的社会互动过程。英国在线教育专家玛丽·索普(Mary Thorpe)认为,在线交互对网络研修学习来说是一个不可替代的环节④。要实现知识共享,交互是非常必要的,离开了个体与环境诸要素之间的交互,就不可能实现知识在共享主体之间的流通,更不可能实现知识在"质"与"量"上的

---

① Wagner E D. In support of a functional definition of interaction [J]. American Journal of Distance Education, 1994, 8 (2): 6-29.

② Moore M G. Learner Autonomy: The Second Dimension of Independent Learning [J]. Convergence, 1972, 1972 (Fall): 76-88.

③ Hung K P, Lin C K. More communication is not always better? The interplay between effective communication and interpersonal conflict in influencing satisfaction [J]. Industrial Marketing Management, 2013, 42 (8): 1223-1232.

④ 玛丽·索普,肖俊洪. 在线交互:论坛使用策略的重要性 [J]. 中国远程教育,2014 (7): 15-23.

变化。通过交互的作用建立知识、学习者以及环境之间直接或间接的关系，丰富知识流转的通道，加快知识传播的速度和密度。当知识或信息运动时知识共享才会发生，交互是支持知识共享的核心机制。进一步聚焦 SECI 模型，其核心活动包括知识的社会化、外在化、组合化、内在化，四个知识转化的实质为人与人之间、人与知识之间、知识与知识之间的交互。

5.4.1.2 交互的类型

站在不同的视角，交互的类型有不同的分类标准。继"相互作用距离"理论提出之后，穆尔（Moore）在 1989 年又提出了"三类相互作用"理论。该理论揭示了远程教育中存在的三种信息交互，分别是学习者与学习内容的交互，学习者与教师的交互，学习者与学习者的交互①。从某种意义上讲，交互就是创建学习网络的过程，通过交互建立或加强学习者与学习者、教师以及学习资源的关联。在此基础上，我国学者陈丽教授在 2004 年提出"远程学习的教学交互模型"，如图 5-10 所示，将远程教学交互分为三个层面：操作交互层面、信息交互层面、概念交互层面，三个层面从具体到抽象，从低级到高级，形成教学交互层级塔②。

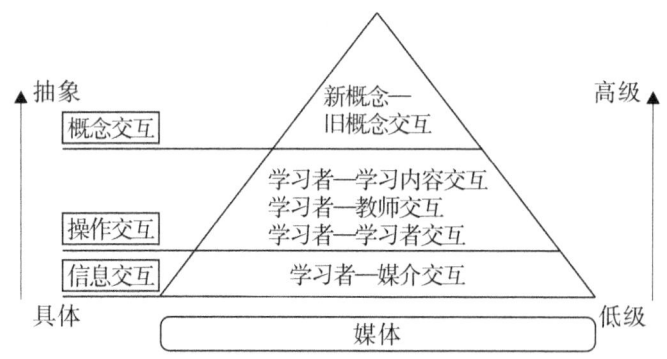

图 5-10 远程教育中教学交互层级塔

以上对交互的分类主要从交互对象间的关系的角度来分析，交互对象涉及非学习者对象，譬如资源、媒介等。然而，不可忽视的问题是，知识交互往往建立

---

① Moore M G. Three Types of Interaction [J]. American Journal of Distance Education, 1989, 3 (2): 1-7.

② 张雯. 基于教师视频云研修环境的社会性交互研究 [D]. 福州：福建师范大学, 2014.

在一定的社会网络空间，只有类似于信任等的感情作为纽带，才能触发知识空间的交互。简而言之，以内容性交互为目标的交互建立在社会性交互基础之上。事实上，网络研修过程中必然会形成一定的网络关系，这种关系一方面来自学习者的社会交往，另一方面来自学习者与知识的关联①。因此，本研究将交互的类型分为社会性交互和内容性交互。知识共享的交互以内容性交互为目的，内容是共享交互的核心，社会性交互是内容性交互的基础和载体，内容性交互以社会性交互为前提，内容性交互附着在社会性交互之中，两者关系如图5-11所示。

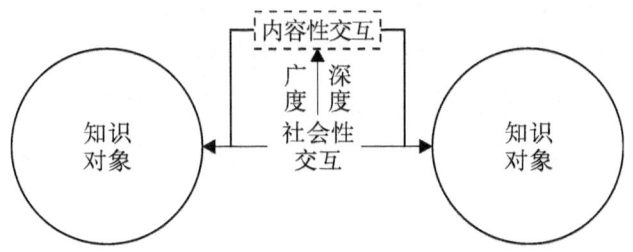

图5-11　社会性交互与内容性交互的关系

1. 社会性交互

任何学习者都是处在一定社会关系中从事学习活动的社会个体，社会学视野中的情境认知观认为学习是一种社会参与，而知识则被认为是个人与组织或物理情境之间联系的属性以及相互作用的产物。社会性交互是指在研修过程中围绕学习者而形成的人际关系交互网络，包括学习者与助学者（包括研修专家、学科名师等）、学习者与学习者、助学者与助学者间的信息交互，是具有学习目的性的社会交往行为。由此可见，社会性交互不仅限于学习者与助学者交互这一交互类型，并且与学习者与学习者、助学者与助学者交互的补充性和辅助性特性比较，学习者之间的交互是研修活动开展的社会基础，主要体现在提问与阐释、争论与判断、讨论与交流、互助与合作、反思与评价等研修活动中。

在网络研修活动中时刻发生着不以人意志为转移的社会性交互，充分发挥好社会性交互的作用能使学习者学到很多知识理论层面没有涉及的能力，比如社交能力、沟通能力、协作能力、解决问题的能力等。这个过程伴随着教师社会交往

---

① Sommerfeldt E J. Networks of social capital: Extending a public relations model of civil society in Peru [J]. Public Relations Review, 2013, 39 (1): 1-12.

行为的改变，会促进其社会能力的发展。

2. 内容性交互

视频云研修环境中，学习者之间的交互促进知识习得是人们学习的"自然"的方式。发生在内容空间的交互主要是指学习者之间进行的与学习内容直接相关的交流，学习者在内容空间的交互的目的是形成对知识内容的深层次理解，拓宽与学习任务相关联的知识领域，并创造出群组的共同成果。

研修过程中的交互往往是建立在社会性交互基础之上的，社会性交互往往带来信任、组织、资源、互惠、分享等益处。学习者通过社会性交互获得学习资源、经验分享、共享合作，在此基础上开展对知识内容的深入探讨，实现个体、组织知识质量和数量的提升与扩张。对知识交互类型的清晰界定有助于学习者借助视频云技术，针对性地改善和优化网络研修环境下知识共享过程中的交互活动。

5.4.1.3 交互的层次

知识交互的层次是知识在交互程度或深度上的反映。社会性交互对知识交互的影响不仅体现在交互的广度上，而且反映在交互的深度上。社会性交互的基础是群组，群组的结构特点决定社会性交互的紧密性和可持续性。根据群组的分类，相应的知识交互也分为三个层次：表层次、浅层次、深层次，如图5-12所示。

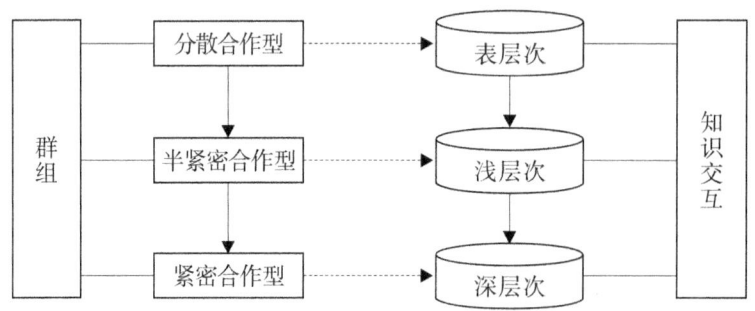

图5-12　群组与知识交互的层次

视频云研修环境中，表层次交互表现在学习者围绕任务目标的交互是浮于表面的，并未经过学习者的深入思考，而是不断复制他人的内容和观点。浅层次的交互和深层次的交互与表面型交互有很大的不同，它们有学习者的思考，融入了学习者对问题的剖析。浅层次交互的学习者对内容的分析还不够深入和全面，导致交互难以触及问题的本质，而深层次交互则解决了这个问题。

群组的类型与交互的层次之间有紧密的关联。分散合作群组存在着难以聚集群体共识的不足，群组成员之间不存在太多的信任、情感以及利害关系，对于某一个问题可能每个成员都是旁观者。半紧密合作和紧密合作群组由于进一步建立了一定程度的社会关系网络，从而保证了成员能够围绕主题进行相应层次的交互。在一项教师工作坊学习者交互的层次分析中，发现教师工作坊中的核心成员和边缘成员的知识共享行为表现出较大的差异。研修社区中学习者向核心成员与边缘成员分化的过程，实际上是分散合作群组向半紧密合作群组转化的过程，是群组进化的标志，从而形成了以核心成员为主节点的浅层次交互。在这类交互中核心成员贡献了绝大部分的思维，而边缘成员游离在研修主题之外。虽然浅层次交互是知识共享的巨大进步，但是要重点考虑解决边缘成员智慧的利用，群组如何转向紧密合作，交互如何迈向深层次等问题。

5.4.2 交互特质

网络研修环境本身具有社交性和学习性两大特点，使得在线研修的技术、人、资源相互联系起来，形成关系网[1]。由此可见，网络研修环境是一个集关系网络和知识网络为一体的系统。信任与被信任是关系网络的核心内容，传统网络研修环境由于缺乏信任建立渠道和信息认证机制，导致关系网络处于"弱连接"的状态。也就是说，知识对象间的交互是一种即时性行为，难以保持长久的交互学习关系。事实也的确如此，许多学习者体会不到自己是在与其他网络学习者进行交流，只是单纯地作为浏览者从网站上获取信息与资源，下载所需教学设计、教学案例、教学课件、试题等[2]。

5.4.2.1 可视化交互的概念与价值

1. 可视化交互

可视化交互是利用计算机图形学和图像处理技术，将数据转换成图形或图像在屏幕上显示出来，并进行交互的方法和技术[3]。它涉及计算机图形学、图像处

---

[1] 田阳，冯锐. 在线学习社区中社交学习策略研究 [J]. 远程教育杂志，2016，34（1）：69-70.

[2] 丁月. 中小学教师网络研修存在的问题与对策 [J]. 江苏教育研究，2014（13）：67-69.

[3] 郑志刚，朱建秋，朱扬勇. 异构数据源的可视化转换及实现 [C] // 全国数据库学术会议. 2003.

理、计算机视觉、计算机辅助设计等多个领域,成为研究数据表示、数据处理、决策分析等一系列问题的综合技术。视频云研修环境下学习者围绕知识共享开启多样而广泛的互动,借助可视化技术,建立包括学习者与知识互动、与同伴互动、与环境互动、与自我内心互动、与社会互动等关系网络。

2. 可视化交互的价值与意义

互动的可视化能够促进学习者能力的提升,例如解释能力、理解能力,能够促进心理模型的建立以及增加学习者的参与程度①。可视化所具有的特点,如内容表现形式、学习者可控制化、丰富的提示信息、相互作用程度等对学习效果有一定影响。在学习情感领域,可视化是激发学习者兴趣、动机以及改善学习行为的重要手段②。具有挑战性的实践、探索、创造所依赖的决策能力更离不开可视化交互工具支撑策略,从而有利于学习者快速反应和做出判断③。

5.4.2.2 社会性交互与内容性交互可视化

针对网络研修环境交互共享的特点以及存在的问题,本研究充分发挥视频云所提供的可视化交互的优势,分别从社会性交互可视化和内容性交互可视化的支撑角度来促进和优化群组交互,如图 5-13 所示。

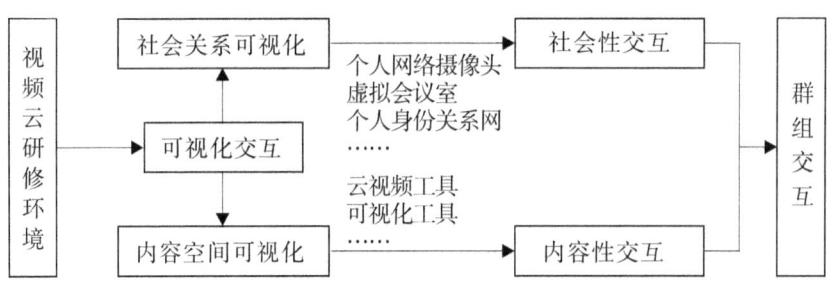

图 5-13 视频云支持的社会性交互与内容性交互

---

① Adams N, Vander Veen R. Method and system for forwarding calls placed to a telecommunications destination: US, US8103262 [P]. 2012.

② Pan Y H. Relationships among Teachers "Self-Efficacy and Students" Motivation, Atmosphere, and Satisfaction in Physical Education [J]. Journal of Teaching in Physical Education, 2014, 33 (1): 68-92.

③ Liang H N, Sedig K. Role of Interaction in Enhancing the Epistemic Utility of 3D Mathematical Visualizations [J]. Technology, Knowledge and Learning, 2010, 15 (3): 191-224.

1. 社会性交互可视化

据前文所述,提问与阐释、争论与判断、讨论与交流、互助与合作、反思与评价是社会性交互的主要方式。传统网络研修环境中的社会性交互主要以文本的形式进行,文字信息是交互的主要载体,语言、动作、姿势等形式在研修过程中被屏蔽或者弱化。由于缺少相关信息的辅助,关键信息在人与人的交互中难以被正确解读,导致交互的有效性难以保证。相比于面对面交互的直观性、即时性、丰富性所带来的可靠性,网络研修环境的虚拟特点所引发的信息载体承载能力危机严重影响了社会性交互的开展。

因此,借助视频云技术既能满足大规模交互学习的需求,同时又能确保交互过程的信息双向传导的可靠性,降低知识分享的风险。视频云研修环境集云计算、大数据、流媒体技术为一体,能够为社会性交互的提问与阐释、争论与判断、讨论与交流、互助与合作、反思与评价提供支持,如图 5-14 所示。

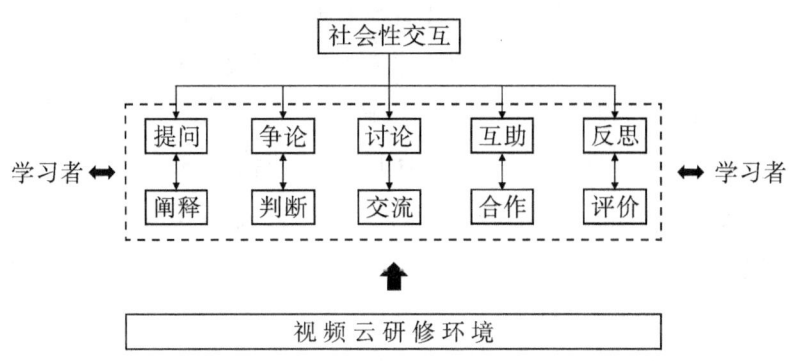

图 5-14 视频云研修环境支持的社会性交互

(1) 提问—阐释可视化。

提问—阐释是网络研修重要活动之一,网络研修就是为教师搭建发布问题与解决问题的平台。传统研修环境下,教师提问的途径主要有集中培训和网络学习平台。从效果上来看,前者往往难以把握提问者的思路要点,偏离主题的情况时有发生,后者所提问题长年累月无人问津,成了"僵尸问题",最终导致教师的疑惑没有得到实质性解决或者根本没有解决。视频云研修环境中学习者的问题由研修平台发布并共享给其他学习者和群组,并置顶为最新问题。同步研修中(课堂直播、实时研讨等),有专门的助学者汇总问题解决方案,若学习者对阐释的结果不满意,可由助学者为学习者提供其他对该问题有研究的教师和研修群组,学习者可在助学者的推荐下与其他教师直接对话或者加入新的研修群组。异步研修中（在线课程等），学习者所提的问题经助学者处理后分发到相应教师个人或群组，并置顶于问题空间。若研修教师个人或群组没有给予答复，则该问题在教师打开研修平台时均会弹出提示，直到问题被解答。研修教师在提供问题解决方案时可选择文本形式，也可选择直观化的微视频形式。

（2）争论—判断可视化。

争论是群组集体智慧裂变、汇聚的重要方式，而判断则需要学习者的理智思考。传统的网络研修环境缺少争论的"火药味"，也鲜有一锤定音的"焦灼"，研修过程显得很平淡，思维的碰撞难觅踪迹。导致这一现象的主要原因在于网络研修环境难以记录活动过程中丰富的信息，其他诸如表情化的、艺术性的信息难以被文本解析而被过滤掉。视频云研修环境营造一个面对面、近距离的交互环境，在虚拟会议室的支持下，学习者之间可"针锋相对"，非语言行为被清晰观察，从而有助于其他学习者判断并提出针对性观点。争论者除了可通过视频、语音表达个人观点，还可通过白板工具、桌面工具等可视化工具辅助论证。除此之外，研修环境对争论过程进行视频记录和高频词汇总，以方便学习者抓住脉络，易于判断决策。争论—判断一般在群组间展开，根据线下群组与线上群组的分类，最终形成四种类型的群组争辩—判断过程。这些过程均被录播系统或个人网络摄像头记录。

（3）讨论—交流可视化。

如果说争论—判断是群组智慧汇聚的过程，那么讨论—交流则是群组智慧梳理和明细化的过程。前者离不开真实情境下观点的交锋相对，后者同样也需要可视化工具的分析整理。传统网络研修中的讨论交流一般围绕一个鲜明的主题或案例来展开，学习者只需在规定的评论区域以文本的形式分享见解即可。不难发现，当大量学习者涌入评论时，评论的交互性丧失，这种以文本线性形式呈现的讨论—交流最终沦落到只评论、不讨论、不交流的地步，每个学习者均是基于个人对问题的思考，而不是追踪其他学习者的观点。有观点的交织才能称为讨论，有信息在学习者间流动才能谓之交流。视频云环境下的讨论交流以群组的形式来开展，学习者融入规模大小不一的研修群组，学习者的智慧首先在群组内汇聚并整合。为了避免讨论过程信息线性呈现所导致的关键信息被忽略，学习者讨论语句中的关键词被环境感知、提取和关联，最终以网络图谱的形式呈现。当然，讨论的过程是可视化的,每个学习者都能查看到成员的学习举动。为了方便讨论,学习者可借助思维导图工具、桌面共享工具等来详述个人论点。

(4) 互助—合作可视化。

传统研修环境下互助—合作往往始于理论,而止于实践。也就是说从实践层面来看,互助—合作不容易实现。在网络环境所主导的研修中,互助—合作被看成一种奢望。互助—合作之所以难以成为研修常态,很大原因在于互助—合作所赖以生存的信任、协调、互知等基础性条件在网络环境中的丧失。互助—合作广泛存在于面对面环境,将其移植到网络环境中,出现了"水土不服"的"症状"。有效解决的途径就是为互助—合作营造可视化的环境。视频云研修环境营造了高信任度群组的互助—合作环境,群组一般是紧密合作类型,成员间的互助—合作有良好的社会基础。针对需协作完成的问题,若是同步的,只需同步视频直播即可,学习者可随时掌握同伴的进度节奏;若是异步的,学习者可根据时间节点录制视频,发布到学习空间,供同伴参考。每个学习任务都对应一个任务进度图,每个学习者的任务和完成时间被标注在时间线上,协作任务完成的进度可视化呈现。

(5) 反思—评价可视化。

反思—评价是任何研修中不可或缺的环节。反思的形式有诸如教学反思、教育叙事等文本类型;在大规模研修环境下,评价也往往程式化,难以做到针对性和有效性。不可否认,以文本形式开展反思是一种有效的反思方式,但如果反思脱离了实践场景,远离了活动过程,往往呈现出泛化的趋势,不能切中研修的要害。视频云研修环境能够为教师反思提供可视化支架,研修过程的视频回顾、教学实践场景的视频回顾、视频标注的专家指导性框架等都有助于学习者的深入反思。视频云研修环境中的教师评价以群组内部评价为主要方式,学员评价和学员被评价均以可视化的方式来显示,教学实践评价作为评价学习者研修效果的重要参考依据。学习者研修结束前均需上研修汇报课,以直播或录播的形式供群组研讨评价,如图 5 - 15 所示。视频云研修环境延伸了评估的跨度,教师日常教学表现情况如何,研修能力是否有效迁移到实际教学中,专家均可随时调取和直播教师的教学实践场景。

图 5-15 教学展示评估

2. 内容性交互可视化

内容性交互的主要工作内容是促进知识的转化与流转,也就是推动知识流动向共享发展。教师的知识分为显性知识和隐性知识,显性知识与隐性知识的互化过程以隐性知识向显性知识转化难度最大。隐性知识具有缄默性、内隐性,具有个体的强烈色彩,是个体经验的集中反映。隐性知识能够在知识主体间流转,很大程度上归结于知识由隐性向显性转化的技术。视频云促进知识转化的可视化工具主要有两类:一类是以云视频为显著特征的工具,视频具备交互和学习的功能;另一类是可视化工具,如思维导图、电子白板、桌面共享、协同编辑等。

(1)云视频工具。

人们获取各类信息的途径,小部分依赖于听觉,大部分依赖于视觉,所以学习者与资源、学习者和学习者之间交流信息最重要的途径与视听有关。视频因融合了图像、声音、文字等丰富元素,声形并茂,效果极佳,有助于全方位表达知识所包含的信息,是促进隐性知识显性化的强大工具。云视频工具在头脑风暴、非正式会议、对话、观察、现场培训、师父带徒弟等教师研修活动中得到广泛应用。

头脑风暴是面对面知识交互的典型活动之一,是隐性知识向显性知识转化的主要方法。网络环境中头脑风暴由于失去了面对面交互的环境土壤,难以实施,而集中培训却鲜有时间用于实施头脑风暴。云视频环境营造了头脑风暴的环境，无论学习者是独自在学习终端前，还是在云教室，都可参与到头脑风暴的活动中来，参与者的表情、肢体语言能有效支撑隐性知识向显性知识转化。

非正式会议是相对正式会议而言的，具有组织灵活、话题随意、参与面广等优势。正因如此，非正式会议与虚拟会议室具有天然的结合性。虚拟会议室能为非正式会议提供即开即用的服务，完全不受时空和硬件设备环境的限制，学习者可就教学中的问题随时开通会议系统，从而及时、准确地令问题得到诊断。

对话在面对面研修中是一种简单和有效的交互方式。在面对面学习中语言在学习者各种非语言行为的交互下能负载更多信息，能客观而全面地反映隐性知识原貌。传统网络研修环境下，语言对话被文字对话所替代，而文字在很多时候难以表达学习者的隐性知识，导致学习者的隐性知识并未得到有效的转换与流转。视频云研修环境为学习者提供多种类型的对话，如与教师个体对话、与线上群组对话、与线下群组对话，对话过程中参与者的语言表情被摄像头采集供学习者参考判断。对话过程中的语言信息被平台后台记录并作关键词分析，最终以图形的方式呈现辅助学习者思考。

观察亦称教学观察，既是一项活动，也是一种学习技能。在知识转化过程中，有效的观察才能促使隐性知识显性化或由知识提供者传递给知识接收者。传统的教师研修以线下听评课为主，参与范围较窄，对课堂的干扰也比较大，观摩教师有时难以捕捉到授课教师的教学细节，往往只见森林不见树木。视频云研修环境中的观察，可以用"见微知著"来形容。授课教师的教学过程以视频的方式记录，学习者可参与直播活动，亦可点播观摩，可快进，也可停顿思考。学习者根据个人专业不足有选择性地对教学片段进行虚拟切片和标注，提取关键环节进行解读分析。

视频云环境下的现场培训与传统环境下的集中培训有很大的区别，最大的不同在于现场培训与线上学习对接，现场培训的场所为云教室，规模较小，但通过录播系统，可将现场培训传递给任何一个参与观摩的学习者。位于学习终端的教师可通过视频云研修平台向培训会场提问，经由助学者的汇总，由会场专家集中回复，统一解答。到现场培训的学习者，可借助移动学习终端将现场所见所闻回传给其他非现场学习的学习者。

师徒传帮带是中国教师教育的优良传统，是新教师成长的重要方式。传统环境下的师徒传帮带的师父主要为学习者所在学校的教师,这类教师的数量有限,精力和学识等都难以满足新教师成长的需求,而这类教师的实践性知识是群组隐性知识的主要来源。视频云环境下的师徒传帮带是一种常态化、大范围、持续性的学习活动,有经验的教师往往作为网络教学名师置顶在研修空间,学习者可加入这类教师的研修团队,观摩其教学视频,参与团队的研讨活动。

(2)可视化工具。

视频云研修环境中的可视化工具主要内嵌于研修平台,是以视频开展内容可视化交互的辅助性工具,常用以显性化、具体化隐性知识,协助学习者进行逻辑分析。

思维导图是一种常见的隐性知识显性化工具,同时具有整理知识逻辑的功能。思维导图的应用非常广,凡是需要对话、讨论、争论、商议的地方都可以借助思维导图汇聚学习者的隐性知识。视频云网络环境中的思维导图可链接云端数字学习资源。学习者设计思维导图的过程中,可调用大量可视化的数字资源来丰富思维导图,从而提高思维导图的可读性、可利用价值。思维导图的形成过程被平台录制,以供后期学习使用。

电子白板也是一种可视化工具,一般不单独使用,往往作为其他可视化工具的载体或辅助工具。譬如,思维导图可在电子白板上设计,教师视频授课的同时可借助电子白板展示分析过程。学习者在电子白板上的描述,字里行间都渗透着其对隐性知识的思考,有助于学习者了解隐性知识转化为显性知识的过程,而不只是结果。

桌面共享在技术类知识的传授中有着重要作用,最具代表性的就是新软件的学习。由于操作繁多,且需要与电脑的其他部分进行交互,因此借助桌面共享功能能够让学习者清晰了解授课教师的展示,从而有利于授课教师的操作性知识向学习者个人实践技能的转化。桌面共享不仅能共享授课教师的桌面行为,还能展示学习者的模仿操作行为,从而有利于助学者提出针对性的指导。

5.4.3 交互模式

交互是知识提供者与知识接收者双方的信息交流,在各种形态的研修活动中都存在,而交互信息是"衰减"还是"放大",是决定知识共享是否有效的前提。在传统网络研修过程中,教师研修交互深度不够,交互途径匮乏,交互形式往往局限在个体间的协作,群组间的协作较少,但组间交互与组内交互行为有显著性差异①。组间交互更有深度和建设性,高水平的发挥会更好地促进问题的探究解决②。

5.4.3.1 二级交互模式

传统研修环境下知识交互一般以组内交互为主要形态,知识在群组内部流转,群组成为知识难以逾越的藩篱。当然,很多学者提出要重视组间交互的作用,扩大知识交互的范围,推动知识由组间流动转化为群组间流通。由于成本及技术原因,组间交互在传统研修环境中并未得到有效利用。

知识在流转过程中以信息的形式呈现,类比信号放大原理,我们认为知识二级交互充分结合了组内交互和群组间交互的优势。知识在组内完成信息放大后再经历一次组间信息放大,进而增强知识信息的传播和被吸收的能力。知识在由隐性状态向显性状态转化以及由知识提供者向知识接收者流转的过程伴随着知识信息的"衰减"。如何避免这个问题,最重要的方法就是提高知识外在环境的放大能力,确保知识信息不失真。基于以上分析,本研究构建知识二级交互模式,如图5-16所示。

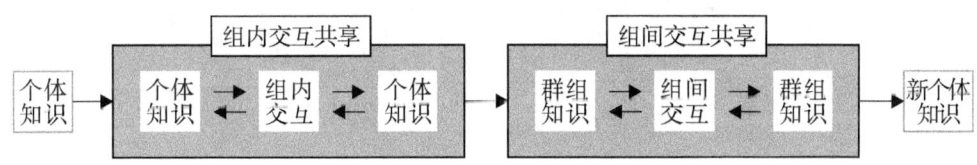

图5-16 知识二级交互模式

1. 组内交互——知识初次创造

组内交互以小组内的交互为主要形式,其目的在于形成群组共识。所谓群组共识,就是经群组成员多次讨论、反复论证、不断迭代修正所形成的科学、严谨的知识。一级交互实现了群组内部成员的自我成长,实现了知识的内部流动,确保了群内的成员活力。

---

① 尚建新,解月光,王伟. 虚拟学习社区中学习者交互因素研究[J]. 电化教育研究,2010(08):65-70.

② 张义兵,满其峰. 知识建构共同体中两种协作脚本的组间交互差异研究[J]. 电化教育研究,2015(8):5-10.

2. 组间交互——知识再次创造

组间交互是不同群组共识间的碰撞与学习，组间交互的出现是组内成员对外部知识渴求的必然结果。组内交互是一个封闭的知识交互生态系统，虽能自给自足，但发展缓慢，成员成长受限。组间交互则打开了群组成员发展的天窗，通过引入外部知识，为群组成员知识注入新的内容。

5.4.3.2 视频云服务支持下的二级交互

二级交互模式的关键在于如何推动组内交互转化为组间交互，其难点在于架设不同群组交互的桥梁。非网络环境下，学校是群组最具代表性的实体，不同学校间的交互往往以派遣教师互访为主要形式，但是学校教师的集体共识是否得到有效交流不得而知。网络环境下，有研究表明，群组间的交互简单化为核心成员间的交互，显然这忽视了其他成员获得成长的权利。虚拟会议室与云教室录播系统技术方案则可以有效解决该问题，如图5-17所示。

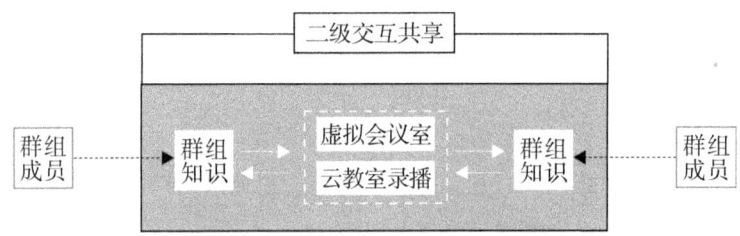

图5-17 视频云研修环境支撑机制

视频云研修环境提供虚拟会议室和云教室录播两种方式来解决群组间的交互问题。虚拟会议室与线上群组相对应，此时学习者成为线上群组的成员。多个线上群组在视频云网络研修平台上组成一个多边交流会议室，任何一个学习者不仅能看到本群组成员的表现，还能观看到其他群组成员的表现。学习者在一定的规则框架下都能作为本群组代表发言，同时也可在群组内进行初步协作沟通后，为主要发言者提供智力支持。云教室录播与线下群组对应，此时参与研修的教师集中到云教室，形成一个线下群组，群组通过录播系统和展播终端与其他群组进行对话。类似地，学习者能了解到两个群组间的交互情况，同时作为群组成员可发表个人看法，亦可为其他成员提供意见和建议。

第 6 章

应用及效果检验

视频云研修环境已广泛应用于珠海市教师培训的多个项目。CV-SECI 研修模式不仅作为指导视频云研修环境功能设计的依据,而且成为研修活动设计、实施和管理的依据。那么教师网络研修的实施效果如何?应如何科学实施评估?本研究以 2016 年度珠海市的"全国中小学教师信息技术应用能力提升工程"项目为例,研究、制定科学的信息技术应用能力提升绩效评估模型,从学习、反应、行为、结果和成果五个维度对应用效果进行综合分析和评估,以验证视频云研修(包括视频云研修环境和 CV-SECI 模式)的有效性。

6.1 典型应用案例

2013 年 10 月,教育部发布《关于实施全国中小学教师信息技术应用能力提升工程的意见》(以下简称《意见》),启动"全国中小学教师信息技术应用能力提升工程"(以下简称"提升工程")。"提升工程"提出要在 2017 年底完成全国 1000 多万中小学(含幼儿园)教师的信息技术应用能力新一轮提升培训。《意见》明确指出"提升工程"的实施必须整合相关项目和资源,采取符合信息技术特点的新模式。本研究以此为契机,在珠海市大力实施"粤教云"计划的过程中,推动"研培用"一体化的视频云研修环境的构建,积极探索基于该环境的 CV-SECI 研修模式,并应用于 2016 年度珠海市"提升工程"项目,以实现中小学教师的信息技术应用能力提升的目的。

珠海市是中国最早实行对外开放政策的四个经济特区之一,是一座百岛之城,海岛学校稀疏分散,东西部跨度狭长,各区教育存在一定程度的不均衡。为了促进教育公平发展,缩小地域基础教育差异,珠海市长期坚持"以研修促进教师专业发展,以信息技术驱动研修转变"的理念,大力推行跨区域教师交流,地处偏远地区的教师也能拥有现代化的教学环境。信息技术应用能力作为教师专业能力的重要组成部分，成为当地教师研修的重要内容。

6.1.1 基于名师直播课堂的教师研修

名师课堂是区域优质教育教学资源。对于学生而言，名师课堂帮助教育资源薄弱地区的学生享受到名师授课；对于教师而言，名师课堂是教师学习、借鉴和模仿的重要途径，尤其对青年教师来说，名师课堂的示范作用能加快青年教师的成长和专业化发展。传统环境下，因条件所限，名师资源往往局限于学校内部，资源的辐射效应有限。名师的公开课也仅为小部分人员所观摩，受益面较小，即使有机会参与到这样的活动中，教师之间也很难有广泛和深入的交流，名师的教育思想及教育实践经验等隐性知识在有限的时间和空间里难以转化为学习者自身的能力。

在视频云研修环境下，名师课堂从校园走向网络，名师的教育思想转化为大家所接受和理解的外化状态。名师课堂，特别是名师直播课堂，因其特有的实时性、实用性、交互性、高质量受到学习者的重视。名师直播课堂在发挥名师的示范引领作用，扩大知识共享的范围与质量，提升学习者的教学实践能力，缩小区域间的教师教学水平差距等方面起到了重要的作用，是"提升工程"的重要活动方式，基于名师直播课堂的教师研修如图6-1所示。

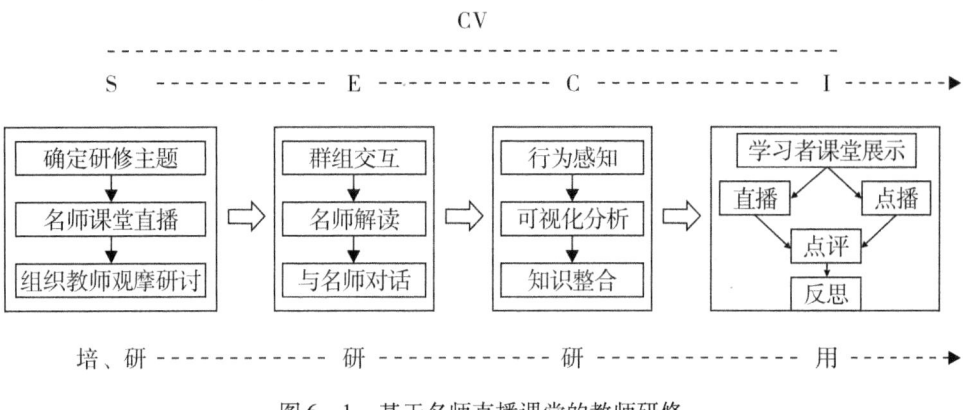

图6-1 基于名师直播课堂的教师研修

6.1.1.1 社会化（S）

大规模视频流媒体服务为学习者提供观摩直播授课的机会及研讨的内容。授课名师在云教室授课，授课内容由录播系统录制并实时直播，名师的隐性知识通过研修活动实现了社会化。

6.1.1.2 外在化（E）

学习者以群组的方式参与到活动中，在直播过程中与群组的内部成员进行交流，或跨群组进行交流，通过观点碰撞、隐喻类比、实例佐证等方式，授课教师的隐性知识得以挖掘，实现初次外在化。直播课堂结束后，授课教师参与到线上研讨活动中，对课堂教学思路、过程、方法等进行详细解读，再一次促使教师隐性知识外在化。随后，授课教师与群组进行线上交流互动，解答学习者的疑惑。对于重难点处，授课教师通过共享笔记、共享桌面的方式促进学习者的理解，再次实现教师隐性知识的外在化。

6.1.1.3 组合化（C）

视频云研修环境是一个感知教师互动行为的环境，学习者之间以及学习者与名师之间、助学者之间的互动语言都被感知。在大数据技术的支持下，研修的核心观点、关键词汇、主要思路在研修结束后能以可视化的方式供学习者参考。学习者结合个人实践知识，将其整合到个人知识体系，实现知识的组合化。

6.1.1.4 内在化（I）

名师课堂的结束往往也意味着该次研修活动的结束。但在视频云研修环境下，名师直播课堂的示范作用将引发一系列的后续反应：学习者将研修所学融入个人教学实践中，并以直播或录播的方式供同行教师评价，学习者在交流互动中实现知识的内在化。

6.1.2 基于同课异构的教师研修

同课异构是指同一节课的内容，由不同教师根据自己的实际、自己的理解，自己备课并上课。传统环境下，同课异构往往耗费大量的人力、物力，具体体现在所有的授课教师必须和听课的教师、专家集中在同一所学校。面对面交流中，由于参与的人数较多，授课教师很难得到专家一对一的详细点评，也很少有机会能与专家进行互动（授课教师的知识未能外显化）。不仅如此，能够享受活动成果的教师较少（授课教师的知识未能充分外化），往往限定在授课教师和听课教师、专家之间。

CV-SECI 研修模式指导下的同课异构颠覆了传统活动的思路，拓宽了研修的范围。教师分别在异地的云教室选择相同的教学内容执教，没有其他听课教师的干扰，无需设置点评课室，任何一位研修活动的参与者，包括专家、助学者、学习者，通过移动终端接入研修平台，构成一个虚拟的视频会议室。评课专家通过视频、音频、文本多维交互工具对教学进行指导、点评。学习者亦可先在群组内部进行讨论交流，形成较为成熟的观点后，通过研修平台进行点评。基于同课异构的教师研修如图 6-2 所示。

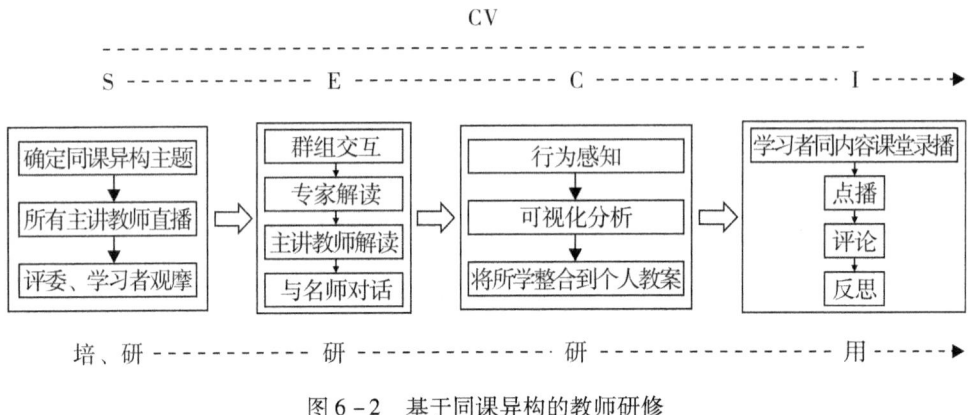

图 6-2 基于同课异构的教师研修

6.1.2.1 社会化（S）

授课教师通过网上直播课堂授课，专家和学习者借助平台进行交互讨论。活动开始前，授课教师在各自学校云教室做好上课准备，专家和学习者通过移动终端接入研修平台。活动开始后，授课教师按照活动的时间安排，依次授课。授课期间，专家在研修直播平台上发表评论，以弹幕或讨论区的形式可视化显示。在课后讨论和点评中，研修平台自动感知高频词汇并汇总，以图形可视化的方式展示。专家的另一项重要工作是对直播视频进行协同标注，以便活动结束后对授课教师进行点评指导。

6.1.2.2 外在化（E）

学习者参与到本群组的研讨活动中，了解其他成员的观点，并发表看法。学习者向专家发送问题请求，与其探讨个人的疑惑。授课结束后，授课教师、专家和学习者集中在网上视频会议室，首先由授课教师对授课情况开展自我评价，并回答学习者的提问；专家对教学视频标注的内容发表看法，提出意见和建议，授课教师可适时予以补充说明；最后，学习者就专家和授课教师所发表的看法与之交流互动，最终促进授课教师知识的外在化。

6.1.2.3　组合化（C）

线上听课、评课、交流互动结束后，学习者根据研修平台提供的数据进行个人知识整理，更好地与已有经验进行对接，强化个人思想观念，实现知识的组合化。

6.1.2.4　内在化（I）

选择相同的授课内容，学习者尝试独立授课，由云教室的录播系统录制成视频资源，经适当剪辑后上传至研修平台，供同行和专家点评。通过同行和专家的反馈，学习者深化自身的知识，内化为教学观念和教学能力。

6.2　应用效果检验

为了检验视频云研修的效果，本研究设计了科学的评价框架，在珠海市"提升工程"项目中展开实验。分别对参与本研究所提出的研修环境及应用模式（以下简称视频云研修）和其他研修方式的教师进行测量，采用定量分析和质性分析处理的方法，分析改善教师研修行为，提升教师信息技术应用能力上的差异。为此，本章试图探讨以下两个问题：

问题1：视频云研修与传统研修方式在改善教师研修行为、提升信息技术应用能力水平方面是否存在差异？存在哪些方面的差异？（定量分析）

问题2：如果存在差异，产生差异的原因是什么？本研究成果的作用体现在什么方面？（质性分析）

6.2.1　检验应用效果的实验设计

6.2.1.1　应用效果评估的环境

"提升工程"明确指出采用网络研修和校本研修相结合的混合式培训，培训学时为80学时，其中基于网络平台的专业研修56学时，校本研修24学时。在珠海市"提升工程"实施过程中，研究团队将视频云研修应用于该项目，开展了为期一年的实践与研究。本研究采用对比研究的方法，选取两类样本：一类为珠海市第一批15所"粤教云"示范应用校（建设有视频云研修环境），包含了9

所市区优质学校、6 所西部农村偏远地区学校（初中学校 10 所，小学学校 5 所），称之为实验组；另一类为与第一批"粤教云"示范应用校在学校的分布、规模、教师数量和教学质量等方面在同一层次的学校，但未参与"粤教云"计划试点，称之为对照组。两类学校均参与了 2016 年珠海市"提升工程"项目，不同的是实验组的教师在研修过程中有视频云研修环境的支持。

考虑到"提升工程"有专门的研修平台，为确保教师在视频云研修环境与"提升工程"研修平台的灵活切换，同时不增加教师研修负担，经研究团队慎重考虑以及市级教师培训部门同意，视频云研修主要服务于校本研修阶段。所有教师的专业研修全部采用"提升工程"研修平台。实验组与对照组研修环境如表 6-1 所示。

表 6-1　实验组与对照组研修环境比较

组别	专业研修	校本研修
实验组	"提升工程"研修平台	视频云研修环境
对照组	"提升工程"研修平台	不做硬性要求，一般采取传统的面对面方式

6.2.1.2　应用效果检验采用的模型

培训效果检验就是通过不同的测评方法来评价培训目标的达成情况，在此基础上衡量培训的有效性，为下次培训提供决策依据①。目前，国内外教育领域的主流评估模型有四个，分别是：柯氏层次评估模型、CIPP 模型、CIRO 模型以及古斯基模型，如表 6-2 所示，其中最为经典的是柯氏层次评估模型。柯氏层次评估模型于 1959 年由美国威斯康星大学教授唐纳德·L. 柯克帕特里克（Donald L. Kirkpatrick）提出。该模型认为评估需从四个层次分别进行，即受训者的反应（满意程度）、学习（知识、技能、态度、行为方式的收获）、行为（工作中行为的改进）、结果（受训者获得的经营知识）对组织的影响②。CIPP 模型又称为决策导向模型或改良导向评价模型，是美国教育评价家斯塔弗尔比姆

---

① Lewis P, Thornhill A. The Evaluation of Training [J]. Journal of European Industrial Training, 2013, 18 (8): 25-33.

② A Message from President Douglas Allen [EB/OL]. http://www. Rigewal erportfolio2. project. mnsu. edu [2010-02-01].

（L. D. Stufflebeam）倡导的课程评价模式。它认为评价就是管理者做决策提供信息服务的过程。背景评价（context evaluation）、输入评价（input evaluation）、过程评价（process evaluation）、结果评价（product evaluation）构成 CIPP 评价模型[①]。CIRO 模型由奥尔（Warr. P）、伯德（Bird. M）和莱克哈姆（Rackham）联合提出。该模型属于过程型培训效果模型，它从培训的整个流程入手，按照培训的先后顺序，可以分为背景评估（context evalution）、输入评估（input evalution）、反应评估（reaction evalution）、输出评估（output evalution）四个阶段[②]。

表 6-2 常见的评估模型

评估形式	评估模型	评估内容
决策模式 （decision marking mode）	CIPP 模型	背景评价（context evaluation）、输入评价（input evaluation）、过程评价（process evaluation）、结果评价（product evaluation）
	CIRO 模型	背景评估（context evalution）、输入评估（input evalution）、反应评估（reaction evalution）、输出评估（output evalution）
目标游离模式（gola free）	柯氏层次评估模型	受训者的反应（满意程度）、学习（知识、技能、态度、行为方式的收获）、行为（工作中行为的改进）、结果（受训者获得的经营知识）对组织的影响
	古斯基模型	学习者反应、学习者学习、组织支持和变化、学习者应用新知识和新技能、学习者成果

因此，本研究在充分吸收柯氏层次评估模型的基础上，结合信息技术应用能力提升的实际、评估的可操作性以及相关专家的建议，在不影响应用效果评估有效性的基础上，本研究提出了 SRRBA（study, result, reflection, behavior, achievement）评估模型，如图 6-3 所示。与柯氏层次评估模型相比，该模型删除

---

① Akpur Ugur, Alci Bülent, Karatas Hakan. Evaluation of the Curriculum of English Preparatory Classes at Yildiz Technical University Using CIPP Model [J]. Educational Research & Reviews, 2016, 11 (7): 466 – 473.

② Alexander Newman, Rani Thanacoody, Wendy Hui. The impact of employee perceptions of training on organizational commitment and turnover intentions: a study of multinationals in the Chinese service sector [J]. The International Journal of Human Resource Management, 2011, 22 (8): 1765 – 1787.

了"对组织的影响",修正了"受训者反应",增加了"学习者成果"维度。主要考虑到学习者对学校的影响在现实中难以准确评估。"反应"应该扩大反应人员的范围,积极纳入其他研修相关人员。另外,"学习者成果"是教师研修绩效的间接反应,是不同研修类型进行对比的重要佐证材料。

SRRBA 评估模型中,"学习"代表的是学习者的研修过程,"结果"反映的是通过教师信息技术应用能力研修后达到的程度,"反应"则是研修相关者对视频云研修的看法和态度,"行为"是教师的教学行为,"成果"为教师获得的各种奖项。学习、结果、成果的观察对象均为学习者,而反应的观察对象为培训组织者、教研员、学习者,行为的观察对象为"一师一优课、一课一名师"的评委。教师的行为到底有没有改善,有多大改善,教育旁观者的评价才具有说服力。各维度数据的获取方式也因对象而定:研修过程数据通过"提升工程"平台自动获取,教师信息技术应用能力水平由问卷调查来实现,教师的教学行为评价通过深度访谈来了解,教师的研修成果则通过发布通知来收集。

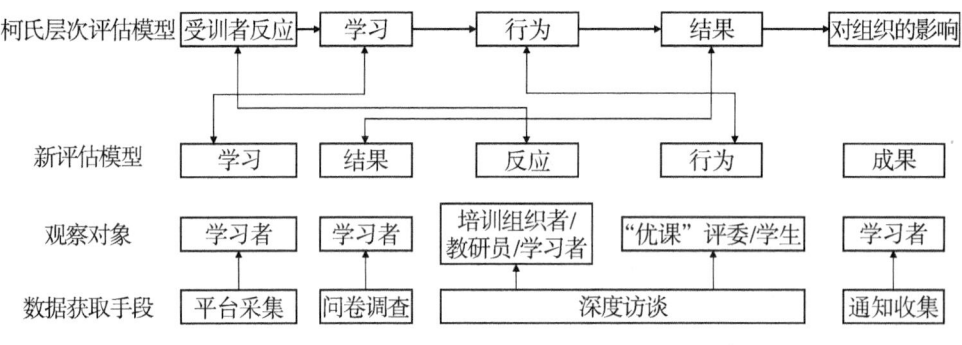

图 6-3 SRRBA 评估模型

6.2.1.3 研究方法

1. 实验设计

被试对象:按照珠海市"提升工程"培训计划,该年度只涉及中小学语文、英语,中学历史、地理、化学、生物学科教师的培训。经统计,实验组的教师有 412 人,对照组的教师有 453 人,教师的分布情况如表 6-3 所示。

表6-3 教师分布情况

指标	类别	实验组（比例/%）	对照组（比例/%）
性别	男	34.75	36.28
	女	65.25	63.72
年龄	20～30岁	37.07	35.16
	31～40岁	45.68	46.78
	41～50岁	14.66	13.27
	50岁以上	2.59	4.79
教龄	1～5年	34.48	35.28
	6～10年	13.79	14.87
	11～15年	22.42	20.94
	15年以上	29.31	28.91
学科	语文、英语	54.83	53.27
	历史/地理	27.70	28.19
	化学/生物	17.47	18.54
职称	高级	23.89	22.74
	中级	36.28	38.61
	初级	24.78	23.14
	其他	15.05	15.51

2．实验基本假设

对上述研究问题1的基本假设如下：鉴于视频云研修与传统研修在环境以及模式方面有一定的共性，本研究假设在视频云研修与传统研修中，教师的研修行为与信息技术应用能力水平的提升效果无显著性的差异。

3．数据收集方法

（1）定量分析。

通过获取教师研修的过程数据以及教师信息技术应用能力水平数据，对数据进行比较研究和综合评价，从而了解教师研修行为与信息技术应用能力水平在两类研修方式上是否存在差异。定量分析的数据源为研修平台自动采集以及通过问卷调查（网络）获取的数据。

①平台数据自动采集法。校本研修方面，鉴于对照组的数据无法采集，而实验组的数据可通过视频云研修平台采集这一不对等因素的数据，为确保对比评价客观有效，仅采集实验组和对照组均使用的"提升工程"研修平台数据进行分析。这些过程数据主要包括每天平均研修时间、某一主题平均探讨数量、答疑数量、发（回）帖数量、同伴点评数量、资源上传（下载）数量等，是反映学习者群组关系、交互程度、共享水平的重要观测量。

②问卷调查法。通过对平台数据的分析，我们对学习者的学习行为表现及其背后的机理有了初步的认识，但对于学习行为所带来的结果是不清楚的，而本研修评估的目的之一就是掌握不同研修环境和研修过程对教师信息技术应用能力的影响。为此，需进一步作问卷调查，了解教师的研修成效。调查的对象为参与研修的教师，主要调查教师的信息技术应用能力水平，采取网络调查方法。问卷调查采用张屹研究团队所编制的"中小学教师信息技术应用能力评估问卷"①（见附录二），该问卷依据"能力标准"来设计，由技术素养、计划与准备、组织与管理、评估与诊断、学习与发展五个维度构成，具有较好的信度和效度。实践成果通过教师填报研修期间参与各项比赛的数据来实现。

（2）质性分析。

定量分析无法解释造成教师研修行为以及信息技术应用能力水平存在差异的原因，数据差异的背后的机理需要从学习者以及研修相关者的反映中来分析。为了了解是哪些原因造成了差异，这些原因中又有哪些是本研究所致力解决的问题，需要在定量分析的基础上开展质性分析，质性分析所需信息由深度访谈获得。

深度访谈强调在自然环境中与受访者进行互动，强调受访者的主动权和话语权，过程是在自然的状态下深入了解实际情况，并采取一问一答的形式不断进行追问。本研究采取半结构的一对一深度访谈，受访对象涵盖研修教师（表现优异）、教研员、研修管理者、"一师一优课、一课一名师"市级评委，共计15人，受访对象随机抽取，受访对象基本信息及访谈主要内容如表6-4所示，详

---

① 张屹，陈蓓蕾，范福兰，等. 基于实证测评的教师信息技术应用能力提升发展规划研究——以广东省惠州市某区为例［J］. 中国电化教育，2017（4）：31-40.

细提纲请见附录。

表6-4 受访对象基本信息

编号	单位名称	工作职位	任教学科	教龄/工龄	访谈的主要内容
1	珠海市文园中学	教师	生物	5	视频云研修的态度和看法
2	珠海市第十一中学	教师	地理	13	
3	珠海市平沙一中	教师	化学	19	
4	珠海市金湾一小	教师	语文	16	
5	珠海市三灶中学	教师	英语	18	
6	金鼎中学	教师	语文	7	
7	香洲区第七小学	教师	地理	12	
8	珠海市第八中学	教师	化学	8	
9	香洲区教科培中心	教研员	英语	23	
10	金湾区教科培中心	教研员	语文	22	
11	斗门区教科培中心	教研员	化学	20	
12	珠海市教育研究中心	培训管理员	无	21	两类学校的教师表现
13	珠海市九洲中学	评委	英语	18	教师的课堂教学行为
14	珠海市第四中学	评委	语文	22	
15	珠海市紫荆中学	评委	生物	17	

6.2.2 数据处理与结果

6.2.2.1 学习维度

1. 数据的描述性统计

研修过程中数据所涉及的变量包括每天平均研修时间、某一主题平均探讨数量、答疑数量、发（回）帖数量、同伴点评数量、资源上传（下载）数量，各变量的描述性统计结果如表6-5所示。

表6-5 研修过程变量描述性统计

指标		N	均值	标准差	均值的标准误差
每天平均研修时间（小时）	实验组	412	0.400	0.0689	0.0034
	对照组	453	0.402	0.0712	0.0033
某一主题平均探讨数量（次）	实验组	412	7.53	1.526	0.075
	对照组	453	1.49	0.935	0.044
答疑数量（次）	实验组	412	8.45	2.026	0.100
	对照组	453	3.54	1.533	0.072
发（回）帖数量（次）	实验组	412	14.18	3.472	0.171
	对照组	453	6.97	1.745	0.082
同伴点评数量（次）	实验组	412	35.18	2.895	0.143
	对照组	453	9.84	5.491	0.258
资源上传（下载）数量（次）	实验组	412	65.65	8.866	0.437
	对照组	453	34.87	14.688	0.690

表6-5为6个检验变量的统计描述结果。从表中可以看出，实验组与对照组除了"每天平均研修时间"基本一致外，其他方面实验组均高于对照组。实验组与对照组在各维度上的标准差各异，其中"每天平均研修时间"的标准差几乎一致，"同伴点评数量""资源上传（下载）数量"实验组低于对照组（2.895＜5.491，8.866＜14.688），其他维度实验组均大于对照组〔"某一主题平均探讨数量"1.526＞0.935，"答疑数量"2.026＞1.533，"发（回）帖数量"3.472＞1.745〕。这说明无论是实验组还是对照组均存在研修行为不一致的情况。

2. 均值分析

本部分采用独立样本 T 检验，分组变量为实验组和对照组，分别对6个检验变量：每天平均研修时间、某一主题平均探讨数量、答疑数量、发（回）帖数量、同伴点评数量、资源上传（下载）数量进行分析。通过SPSS19.0，得到的均值分析结果如表6-6所示。

表6-6 6个检验变量的均值分析结果

指标		方差方程的Levene检验		均值方程的t检验					差分的95%置信区间	
		F	Sig.	t	df	Sig.（双侧）	均值差值	标准误差值	下限	上限
每天平均研修时间	假设方差相等 假设方差不相等	1.439	0.231	-0.366 -0.366	863 859.633	0.715 0.714	-0.0017 -0.0017	0.0048 0.0048	-0.0111 -0.0111	0.0076 0.0076
某一主题平均探讨数量	假设方差相等 假设方差不相等	150.308	0.000	70.876 69.366	863 668.819	0.000 0.000	6.039 6.039	0.085 0.087	5.872 5.868	6.206 6.210
答疑数量	假设方差相等 假设方差不相等	41.773	0.000	40.365 39.848	863 762.429	0.000 0.000	4.906 4.906	0.122 0.123	4.667 4.664	5.144 5.147
发（回）帖数量	假设方差相等 假设方差不相等	232.525	0.000	39.080 37.989	863 593.122	0.000 0.000	7.206 7.206	0.184 0.190	6.844 6.833	7.568 7.578
同伴点评数量	假设方差相等 假设方差不相等	204.211	0.000	83.668 85.943	863 698.668	0.000 0.000	25.336 25.336	0.303 0.295	24.742 24.757	25.930 25.915
资源上传（下载）数量	假设方差相等 假设方差不相等	140.625	0.000	36.859 37.683	863 753.674	0.000 0.000	30.776 30.776	0.835 0.817	29.137 29.173	32.415 32.379

如表6-6所示，"每天平均研修时间"维度，F统计量为1.439，$p=0.231>0.05$，未达到0.05的显著水平，故将两组方差视为相等。$t=-0.366$、$df=863$、$p=0.715>0.05$，平均差值为-0.0017，表明实验组与对照组对于"每天平均研修时间"没有差异。

"某一主题平均探讨数量"维度，F统计量为150.308，$p=0.000<0.05$，达到0.05的显著水平，故将两组方差视为不相等。$t=69.366$、$df=668.819$、$p=0.000<0.05$，平均差值为6.039，表明实验组与对照组对于"某一主题平均探讨数量"维度有显著性差异，实验组的表现要优于对照组。

"答疑数量"维度，F统计量为41.773，$p=0.000<0.05$，达到0.05的显著水平，故将两组方差视为不相等。$t=39.848$、$df=762.429$、$p=0.000<0.05$，平均差值为4.906，表明实验组与对照组对于"答疑数量"维度有显著性差异，实验组的表现要优于对照组。

"发（回）帖数量"维度，F统计量为232.525，$p=0.000<0.05$，达到0.05的显著水平，故将两组方差视为不相等。$t=37.989$、$df=593.122$、$p=$

0.000 < 0.05，平均差值 7.206，表明实验组与对照组对于"发（回）帖数量"维度有显著性差异，实验组的表现要优于对照组。

"同伴点评数量"维度，F 统计量为 204.211，$p = 0.000 < 0.05$，达到 0.05 的显著水平，故将两组方差视为不相等。$t = 85.943$、$df = 698.668$、$p = 0.000 < 0.05$，平均差值 25.336，表明实验组与对照组对于"同伴点评数量"维度有显著性差异，实验组的表现要优于对照组。

"资源上传（下载）数量"维度，F 统计量为 140.625，$p = 0.000 < 0.05$，达到 0.05 的显著水平，故将两组方差视为不相等。$t = 37.683$、$df = 753.674$、$p = 0.000 < 0.05$，平均差值 30.776，表明实验组与对照组对于"同伴点评数量"维度有显著性差异，实验组的表现要优于对照组。

从上面的数据可以看出，实验组与对照组在"每天平均研修时间"方面没有显著性差异，但是在"某一主题平均探讨数量""答疑数量""发（回）帖数量""同伴点评数量""资源上传（下载）数量"等维度，实验组均高于对照组，均具有显著性差异。

6.2.2.2 结果维度

1. 问卷调查

问卷调查采用张屹研究团队所编制的"中小学教师信息技术应用能力评估问卷"[①]，测量研修前后实验组与对照组教师的信息技术应用能力水平。该问卷依据"能力标准"来设计，由技术素养、计划与准备、组织与管理、评估与诊断、学习与发展五个维度构成，具有较好的信度和效度，其中五个维度的权重分别为 0.187、0.205、0.208、0.197、0.203。问卷采用李克特式 5 点计数法，"非常符合"—5、"符合"—4、"一般"—3、"不太符合"—2、"非常不符合"—1。问卷调查采用网络问卷方式，研修结束后教师在"提升工程"研修平台中点击进入问卷，作答结果可从后台导出。

本研究共回收问卷 865 份，对问卷数据进行仔细检查后，发现异常数据问卷 13 份（其中实验组 5 份，对照组 8 份），剔除不合格问卷，实际有效问卷为 852 份，有效率为 98.50%。

---

① 张屹，陈蓓蕾，范福兰，等. 基于实证测评的教师信息技术应用能力提升发展规划研究——以广东省惠州市某区为例 [J]. 中国电化教育，2017（4）：31 - 40.

2. 分析方法

研修前,对实验组与对照组进行前测,排除因起点不同所造成的实验误差。研修结束后,首先分析实验组与对照组的差异,进而判断视频云研修的有效性;然后对研修前与研修后的实验组进行分析,进一步确定有效的具体内容。

3. 数据分析

(1) 实验组—对照组(前测)。

研修前,实验组与对照组的教师信息技术应用能力描述性统计结果如表6-7所示。

表6-7 教师信息技术应用能力描述性统计(前测)

组别		N	均值	标准差	均值的标准误
技术素养	实验组	407	1.86954	0.183512	0.009096
	对照组	445	1.89227	0.188821	0.008951
计划与准备	实验组	407	2.07115	0.211870	0.010502
	对照组	445	2.03710	0.204593	0.009699
组织与管理	实验组	407	2.07898	0.222359	0.011022
	对照组	445	2.08654	0.202676	0.009608
评估与诊断	实验组	407	1.96710	0.196979	0.009764
	对照组	445	1.97000	0.211548	0.010028
学习与发展	实验组	407	1.51028	0.173413	0.008596
	对照组	445	1.51999	0.180539	0.008558
总分	实验组	407	9.4970	0.42205	0.02092
	对照组	445	9.5059	0.44722	0.02120

表6-7为因变量在5个自变量上的统计描述结果。从表中可以看出,实验组与对照组在各个维度上基本一致,标准差基本控制在0.02以内,这说明实验组与对照组的信息技术应用能力初始应用水平基本一致。

对实验组和对照组教师的信息技术应用能力各维度及总体情况进行独立样本 t 检验,得到均值分析结果如表6-8所示。

表6-8 信息技术应用能力各维度及总体的均值分析结果（前测）

指标		方差方程的 Levene 检验		均值方程的 t 检验					差分的 95% 置信区间	
		F	Sig.	t	df	Sig.（双侧）	均值差值	标准误差值	下限	上限
技术素养	假设方差相等	1.279	0.258	-1.779	850	0.076	-0.022731	0.012778	-0.047812	0.002349
	假设方差不相等			-1.781	846.861	0.075	-0.022731	0.012762	-0.047780	0.002317
计划与准备	假设方差相等	0.991	0.320	2.386	850	0.017	0.034054	0.014273	0.006039	0.062068
	假设方差不相等			2.382	837.079	0.017	0.034054	0.014295	0.005995	0.062112
组织与管理	假设方差相等	4.387	0.037	-0.520	850	0.603	-0.008566	0.014561	-0.036146	0.021015
	假设方差不相等			-0.517	822.936	0.605	-0.008566	0.014622	-0.036266	0.021134
评估与诊断	假设方差相等	1.757	0.185	-0.207	850	0.836	-0.002904	0.014041	-0.030463	0.024655
	假设方差不相等			-0.207	849.725	0.836	-0.002904	0.013996	-0.030376	0.024568
学习与发展	假设方差相等	1.322	0.251	-0.799	850	0.424	-0.009711	0.012152	-0.033562	0.014140
	假设方差不相等			-0.801	847.955	0.424	-0.009711	0.012130	-0.033519	0.014097
总分	假设方差相等	2.266	0.133	-0.297	850	0.767	-0.00886	0.02986	-0.06747	0.04975
	假设方差不相等			-0.297	849.161	0.766	-0.00886	0.02978	-0.06732	0.04960

由表 6-8 结果所示，"技术素养"维度，F 统计量为 1.279，$p = 0.258 > 0.05$，未达到 0.05 的显著水平，故将两组方差视为相等。$t = -1.779$、$df = 850$、$p = 0.76 > 0.05$，平均差值 -0.022731，表明实验组与对照组对于"技术素养"没有显著性差异。

"计划与准备"维度，F 统计量为 0.991，$p = 0.320 > 0.05$，未达到 0.05 的显著水平，故将两组方差视为相等。$t = 2.386$、$df = 850$、$p = 0.017 > 0.05$，平均差值 0.034054，表明实验组与对照组对于"计划与准备"没有显著性差异。

"组织与管理"维度，F 统计量为 4.387，$p = 0.037 < 0.05$，达到 0.05 的显著水平，故将两组方差视为不相等。$t = -0.517$、$df = 822.936$、$p = 0.605 > 0.05$，平均差值 -0.008566，表明实验组与对照组对于"组织与管理"没有显著性差异。

"评估与诊断"维度，F 统计量为 1.757，$p = 0.185 > 0.05$，未达到 0.05 的显著水平，故将两组方差视为相等。$t = -0.207$、$df = 850$、$p = 0.836 > 0.05$，平均差值 -0.002904，表明实验组与对照组对于"评估与诊断"没有显著性差异。

"学习与发展"维度，F 统计量为 1.322，$p = 0.251 > 0.05$，未达到 0.05 的显著水平，故将两组方差视为相等。$t = -0.799$、$df = 850$、$p = 0.424 > 0.05$，平

均差值 -0.009711，表明实验组与对照组对于"学习与发展"没有显著性差异。

总分方面，F 统计量为 2.266，$p = 0.133 > 0.05$，未达到 0.05 的显著水平，故将两组方差视为相等。$t = -0.297$、$df = 850$、$p = 0.767 > 0.05$，平均差值 0.00886，表明实验组与对照组总分方面没有显著性差异。

从上面的数据可以看出，实验组与对照组教师信息技术应用能力一致，即两者的初始水平基本相同，符合实验的要求。

（2）实验组—对照组（后测）。

研修后，实验组与对照组的教师信息技术应用能力描述性统计结果如表 6-9 所示。

表 6-9 教师信息技术应用能力描述性统计（后测）

组别		N	均值	标准差	均值的标准误
技术素养	实验组	407	2.62765	0.189270	0.009382
	对照组	445	1.89269	0.188562	0.008939
计划与准备	实验组	407	2.08526	0.222892	0.011048
	对照组	445	2.04217	0.200884	0.009523
组织与管理	实验组	407	2.91711	0.208959	0.010358
	对照组	445	2.09169	0.201237	0.009540
评估与诊断	实验组	407	1.9811	0.19498	0.00966
	对照组	445	1.9735	0.20565	0.00975
学习与发展	实验组	407	2.12277	0.181064	0.008975
	对照组	445	1.52455	0.177433	0.008411
总分	实验组	407	11.7339	0.45004	0.02231
	对照组	445	9.5246	0.44326	0.02101

表 6-9 为因变量在 5 个自变量上的统计描述结果。从表中可以看出，实验组与对照组除了评估与诊断基本相同，其他方面实验组均高于对照组。实验组与对照组在各维度上的标准差也各异，其中评估与诊断实验组低于对照组（0.19498 < 0.20565），其他维度实验组均大于对照组（"技术素养" 0.189270 > 0.188562，"计划与准备" 0.222892 > 0.200884，"组织与管理" 0.208959 > 0.201237，"学习与发展" 0.181064 > 0.177433，"总分" 0.45004 > 0.44326），但两组数据无明显差异。这说明无论是实验组还是对照组，其信息技术应用能力

水平的测量基本一致。

对实验组和对照组教师的信息技术应用能力各维度及总体情况进行独立样本 t 检验，得到均值分析结果如表 6 – 10 所示。

表 6 – 10　信息技术应用能力各维度及总体的均值分析结果（后测）

指标		方差方程的 Levene 检验		均值方程的 t 检验						
									差分的 95% 置信区间	
		F	Sig.	t	df	Sig.（双侧）	均值差值	标准误差值	下限	上限
技术素养	假设方差相等	0.338	0.561	56.727	850	0.000	0.734957	0.012956	0.709527	0.760386
	假设方差不相等			56.717	842.690	0.000	0.734957	0.012958	0.709522	0.760391
计划与准备	假设方差相等	7.395	0.007	2.968	850	0.003	0.043089	0.014519	0.014593	0.071586
	假设方差不相等			2.954	819.658	0.003	0.043089	0.014586	0.014459	0.071720
组织与管理	假设方差相等	0.681	0.409	58.717	850	0.000	0.825425	0.014058	0.797833	0.853017
	假设方差不相等			58.618	836.521	0.000	0.825425	0.014081	0.797786	0.853064
评估与诊断	假设方差相等	1.470	0.226	0.552	850	0.581	0.00759	0.01376	-0.01942	0.03460
	假设方差不相等			0.553	848.896	0.580	0.00759	0.01373	-0.01935	0.03453
学习与发展	假设方差相等	0.219	0.640	48.678	850	0.000	0.598219	0.012289	0.574098	0.622339
	假设方差不相等			48.634	839.909	0.000	0.598219	0.012300	0.574076	0.622362
总分	假设方差相等	0.009	0.926	72.140	850	0.000	2.20928	0.03063	2.14917	2.26939
	假设方差不相等			72.091	840.809	0.000	2.20928	0.03065	2.14913	2.26943

如表 6 – 10 结果所示，"技术素养"维度，F 统计量为 0.338，$p = 0.561 > 0.05$，未达到 0.05 的显著水平，故将两组方差视为相等。$t = 56.727$、$df = 850$、$p = 0.000 < 0.05$，平均差值 0.734957，表明实验组与对照组对于"技术素养"有显著性差异。

"计划与准备"维度，F 统计量为 7.395，$p = 0.007 < 0.05$，达到 0.05 的显著水平，故将两组方差视为不相等。$t = 2.954$、$df = 819.658$、$p = 0.003 < 0.05$，平均差值 0.043089，表明实验组与对照组对于"计划与准备"有显著性差异。

"组织与管理"维度，F 统计量为 0.681，$p = 0.409 > 0.05$，未达到 0.05 的显著水平，故将两组方差视为相等。$t = 58.717$、$df = 850$、$p = 0.000 < 0.05$，平均差值 0.825425，表明实验组与对照组对于"组织与管理"有显著性差异。

"评估与诊断"维度，F 统计量为 1.470，$p = 0.226 > 0.05$，未达到 0.05 的显著水平，故将两组方差视为相等。$t = 0.552$、$df = 850$、$p = 0.581 > 0.05$，平均差值 0.00759，表明实验组与对照组对于"评估与诊断"没有显著性差异。

"学习与发展"维度，F 统计量为 0.219，p = 0.640 > 0.05，未达到 0.05 的显著水平，故将两组方差视为相等。t = 48.678、df = 850、p = 0.000 < 0.05，平均差值 0.598219，表明实验组与对照组对于"学习与发展"有显著性差异。

总分方面，F 统计量为 0.009，p = 0.926 > 0.05，未达到 0.05 的显著水平，故将两组方差视为相等。t = 72.140、df = 850、p = 0.000 < 0.05，平均差值 2.20928，表明实验组与对照组在总分方面有显著性差异。

由此可见，实验组与对照组在总分以及技术素养、计划与准备、组织与管理、学习与发展维度存在显著性差异，实验组均高于对照组，而评估与诊断维度两者没有显著性差异。说明视频云研修有助于提高教师的信息技术应用能力水平，尤其是技术素养、计划与准备、组织与管理、学习与发展能力。对于评估与诊断能力，传统研修与视频云研修的作用相当。

（3）前测—后测（实验组）。

实验组的前测与后测数据如表 6 – 11 所示。技术素养前后测数据分别为 1.871、2.082，计划与准备前后测数据分别为 2.076、2.082，组织与管理前后测数据分别为 2.084、2.919，评估与诊断前后测数据分别为 1.970、1.982，学习与发展前后测数据分别为 1.508、2.121，总分前后数据分别为 9.509、11.734。

表 6 – 11　教师信息技术应用能力描述性统计

组别		均值	N	标准差	均值的标准误
对 1	技术素养 – 前 计划与准备 – 后	1.87092 2.08224	407 407	0.184213 0.221020	0.009131 0.010956
对 2	计划与准备 – 前 计划与准备 – 后	2.07619 2.08224	407 407	0.2214224 0.221020	0.010619 0.010956
对 3	组织与管理 – 前 组织与管理 – 后	2.08358 2.91915	407 407	0.224004 0.208389	0.011103 0.010329
对 4	评估与诊断 – 前 评估与诊断 – 后	1.97000 1.9821	407 407	0.196027 0.19541	0.009717 0.00969
对 5	学习与发展 – 前 学习与发展 – 后	1.50829 2.12128	407 407	0.172673 0.180986	0.008559 0.008971
对 6	总分 – 前 总分 – 后	9.5090 11.7338	407 407	0.43210 0.45141	0.02142 0.02238

注："对 1"是指匹配成对的第 1 组，以此类推。

本部分采用配对样本 t 检验，对实验组前后测数据进行检验，以了解视频云研修对哪些能力是有效果的，哪些是无效的，如表 6-12 所示。

表 6-12 信息技术应用能力各维度及总体的均值配对分析结果

组别	成对差分					t	df	Sig.（双侧）
	均值	标准差	均值的标准误	差分的95%置信区间				
				下限	上限			
对1 技术素养-前-计划与准备-后	-0.211317	0.297188	0.014731	-0.240276	-0.182358	-14.345	406	0.000
对2 计划与准备-前-计划与准备-后	-0.006044	0.317788	0.014752	-0.037010	0.024922	-0.384	406	0.701
对3 组织与管理-前-组织与管理-后	-0.835577	0.310181	0.015375	-0.865802	-0.805353	-54.346	406	0.000
对4 评估与诊断-前-评估与诊断-后	-0.012101	0.279878	0.013873	-0.039373	0.015171	-0.872	406	0.384
对5 学习与发展-前-学习与发展-后	-0.612990	0.262300	0.013002	-0.638549	-0.587431	-47.147	406	0.000
对6 总分-前-总分-后	-2.22482	0.63957	0.03170	-2.29825	-2.16250	-70.179	406	0.000

如表 6-12 结果所示，对 1——技术素养维度，$t=-14.345$，$df=406$，$p=0.000<0.05$，表明实验组技术素养在实验前与实验后有显著性变化，且实验后高于实验前。

对 2——计划与准备维度，$t=-0.384$，$df=406$，$p=0.701>0.05$，表明实验组计划与准备在实验前与实验后没有显著性变化。

对 3——组织与管理维度，$t=-54.346$，$df=406$，$p=0.000<0.05$，表明实验组组织与管理在实验前与实验后有显著性变化，且实验后高于实验前。

对 4——评估与诊断维度，$t=-0.872$，$df=406$，$p=0.384>0.05$，表明实验组评估与诊断在实验前与实验后没有显著性变化。

对 5——学习与发展维度，$t=-47.147$，$df=406$，$p=0.000<0.05$，表明实验组学习与发展在实验前与实验后有显著性变化，且实验后高于实验前。

总分方面，$t=-70.179$，$df=406$，$p=0.000<0.05$，表明实验组信息技术应用能力总体水平在实验前与实验后有显著性变化，且实验后高于实验前。

由此可见，实验组在总分以及技术素养、组织与管理、学习与发展维度存在显著性差异，且实验后高于实验前，而计划与准备、评估与诊断在实验前与实验后没有显著性差异。因此，视频云研修环境与应用模式对提高教师信息技术应用能力是有效的，尤其体现在技术素养、组织与管理、学习与发展维度，而对于计划与准备、评估与诊断效果不明显。

6.2.2.3 反应和行为维度

本阶段既是获取教师的教学行为表现以及研修相关者的反映，更是通过反馈信息了解本章 6.2.2.1 节和 6.2.2.2 节定量分析结论中有关差异的深层次原因。采用质性分析的方法，通过深度访谈（访谈提纲见附录三）来获取相关信息，聚焦受访者对视频云研修的态度以及教师教学行为的变化。"一师一优课、一课一名师"活动的市级评委也通过大量"优课"的评审对教师的教学行为形成理性看法，因此，市级评委是重要的观测点。培训管理者以及教研员是研修的主要发起者，他们反馈的信息具有重要价值。这些重要他人会从不同的视角对研修过程以及教师的教学行为予以客观的评价。

1. 反馈内容

为了尽可能全面记录教师的反馈信息，在征求访谈教师的同意后，本研究分别对 15 位受访者进行单独约谈，并最终以文本的形式记录分析。

以下是研修教师对视频云研修看法的访谈记录：

——认识了很多名师，目睹了来自全市的名师风采。视频云校本研修中可以与名师开展近似面对面的交流，即使错过了交流的机会，后面还可以调取视频来学习，并与在线名师建立视频对话，名师非语言的教学行为被充分挖掘。研修同伴更多了，彼此间的信任度很高，自己的问题总有其他老师帮忙解答。讨论的氛围非常热烈，总有教师会对一个问题刨根究底。对自己所贡献的个人智慧不太满意，主要是教学经历太短，研修以学习为主。认可研修方式，教学、教研、培训融为一体，效率更高，但是研修内容的设置还不太合理，个人急需的技能没有提供。

——以往校本研修学校内的名师力量有限，教研氛围无法调动起来，视频云校本研修将全市的名师调动起来，集约化管理，名师的影响力进一步扩大；能够真真切切感受到研修同伴的存在，同伴间会根据研修需求组成不同类型的讨论组，开展研究性学习；研讨的氛围非常好，能够感受到研讨过程中教师的语言、表情以及肢体语言等，从而有助于研讨的深入进行；个人智慧贡献得不多，以学习为主，但会分享个人观点。研修方式适合一线教师，即学即用，内容也比较丰富，来自教师的教学过程，部分技能的内容略显不足，课堂评价学生的课程较少。

——与其他教师的交流互动方便，自己的课备受外校教师的喜欢，学术交际圈更广，认识了很多信息技术娴熟的青年教师，与这些教师学习彼此间的长处。研讨氛围非常热烈，针对一个教学环境的技术应用，比如采用什么技术，如何用，怎么用好往往要讨论很长时间；积极贡献个人智慧，尤其是教学法知识，这些是青年教师最需要的。认可研修方式，对内容的设置也满意；但是信息技术反映在整个教学流程上并不是很充分，教学前的准备过程无法呈现，课堂的信息技术评价方法一直是个难点，尚无好的内容辅助学习。

——能够学习到名师课堂教学背后的东西，各种课堂教学过程被深度解析，对课堂细节的把握更加准确。学习同伴来自全市各校，每个教师都有鲜明的特点，兴趣相投的教师会经常组成一个研讨小组，探讨教学疑难。研修的讨论氛围非常好，虽然每个人发言的机会不多，但不会被忽视，教师只有积极参与才能够被更多学习小组接纳。贡献了不少个人智慧，但能被广泛接收的不多。研修方式适合教师，研修内容接地气，直对课堂关键问题，由于缺少专家的主导，部分内容的探讨还比较单薄。

——探讨过程不再限于大家所熟悉的一些人，研修环境的真实性丝毫不比面对面环境差，互动很直观。同伴更多了，沉默者、观望者和知识的索取者少了，大家都积极表达自己的观点看法。研修的讨论氛围异常热烈，老教师的观点会被不断解读和分析。个人智慧贡献非常多，不少观点成为课堂教学的至理名言，深受其他教师的推崇。研修方式适合各类教师，研修内容对老教师的帮助很大，特别是技术的使用方面。

——研修从过去"人到心未到"转变为"人到心也到"的良好局面，教师的研修过程全程受监督，谁没有在视频中"露脸"一目了然，同时不会被边缘化；认识的同伴更多，也更加全面，对同伴也少了以往的抵触，信任感比较强；研讨的氛围非常热烈，青年教师积极参与各类研讨活动，从与名师的交流中获取名师的优秀教学经验；主动问问题比较多，贡献的个人智慧不是很多，因为经验较少，目前以学习和接收为主。对研修方式的认可度评价较高，主要是能观摩到来自各校的名师的教学风采和对课堂教学细节的处理；内容方面还有不足，如何利用信息技术开展备课，以及如何开展课堂评价还有待丰富和深入。

——能够知道网络另一端的其他同伴在做什么，从而明确个人需要遵循的研修行为规范以及任务；同伴间的联系更加紧密，对协同任务的理解和把握更加全面和细致；为了完成任务，同伴会积极分享个人智慧，提供解决方案。个人智慧贡献得虽然比较多，由于有技术和教学方面的经验优势，所以对问题的看法也会更加多元化。研修方式适合一线教师，很好地解决了"工学矛盾"，临场感也丝毫不逊于面对面的学习；内容方面，一线教师的资源很多，但是由于缺乏专家指导，个别关键内容没有被挖掘出来。

——参与的教师更多，群体中的个人智慧实现了汇聚，以往校本研修中难以解决的问题，在新的研修中容易被解决。同伴可以是本校教师也可以是外校教师，同伴间的信任感更强，对共同任务齐心；同伴中不少是名师，可以学到名师的教学艺术以及问题处理的细节。个人智慧贡献得虽然不是很多，但会积极接受和学习其他人的观点，将其融入个人教学实践中。研修方式非常好，研修后个人教学能够被众多专家点评和指导。内容方面比较适合个人需求，但需要在一些难点问题上有更深入的探讨。

在对8人的访谈中，每个人都肯定了视频云研修的优势。与传统研修相比，视频云校本研修实现了名师的集约化管理，其影响力进一步扩大。可以让学习者目睹更多名师的风采，在近似面对面的交流中学习名师经验，优质课堂背后知识被深度剖析；参与的教师更多，学术交际圈更广，众人智慧得以汇聚；研修过程全程受监督，同伴间的互动真实。关于学习同伴的变化，普遍认为同伴更多，能切实感受到同伴的存在，彼此间的信任更加牢固，联系更加紧密，同伴间会组成学习小组。研讨氛围热烈、积极共享个人智慧以及对问题开展深入探讨是受访教师对研修氛围评价的主要观点。共享个人智慧方面不同类型的教师有所差异，名师共享行为的自信、主动性更足；经验型教师则比较含蓄，结合个人优势来共享；年轻教师则考虑到个人学识、经验等方面的因素，以学习为主。所有教师对研修方式的评价都很高，对内容的评价存在两种不同的观点：部分年纪较大的教师认为内容合理，符合要求；而其他教师则认为内容不全面、对部分"难、重、急"问题缺乏深入研究。

以下是教研员和培训管理者对实验组与对照组就教师信息技术应用能力看法

的访谈记录：

——实验组与对照组教师的信息技术应用能力水平有比较大的差异，譬如信息技术应用的理念、技术水平以及在促进课堂的互动性方面明显不同。造成差异的原因比较复杂，实验学校有云教室，教师实践的机会更多，受到专家和名师的指导也更便利和广泛。也有研修方式的原因，对照组的教师参与研修的积极性不高，教学中技术应用问题得不到关注和解决。视频云研修让全市的校本教研活动连成整体，名师智慧能促进更多疑难问题被解决，课堂教学的现实问题作为研修内容被深入剖析和解读。

——实验组教师的信息技术应用能力水平明显要高于对照组，而且这种差异不小。实验组的教师显然更愿意用技术服务课堂，变革课堂的结构，而对照组的教师则只是将技术作为课堂的辅助工具，技术服务教学的功能没有得到最大程度的发挥。实验组的教师驾驭技术的能力较强，能很好地组织其在课堂中的应用。譬如，利用技术组织学生小组学习，对于这一点，实验组教师显然比较娴熟。视频云研修让教师在研修过程中有实践和被指导的机会，实践的课堂可作为研究的案例来分析，供全市的教师来点评。

——实验组教师的信息技术应用能力水平要高于对照组的教师，差别不是一点点。仅从教师专业发展的角度来看，实验组的教师明显更乐于借助技术手段扩大学习圈，结识更多的学习同伴。内容脱离一线、理论较多、不实用是重要的影响因素。课堂教学方面，实验组教师更愿意组织学生开展小组学习，重视师生间、学生间的互动。

——实验组的表现要好于对照组，实验组的教师参与度高，氛围比较热烈，对校本研修的贯彻力度比较强。传统学校的校本研修仍然无声无息，似乎并没有给教师带来更多的提升。视频云研修让教师了解更多前沿的信息技术，视野从校内扩展到校外，通过视频交互掌握技术应用细节和方法。从所观摩的教师课堂来看，有视频云研修经历的教师，显然对信息技术教学的驾驭能力较强。

从访谈可知，教研员和培训管理员对实验组和对照组的教师信息技术应用能力进行了客观评价，普遍认为实验组教师的信息技术应用能力优于对照组，应用理念、技术水平、驾驭能力、服务课堂以及促进个人学习是主要的差异。至于造成差异的原因，有客观原因也有主观原因，譬如实验组有云教室，由此可以支撑真实实践以及大量名师的指导，而对照组缺乏环境支持。当然，研修的积极性以及教师受关注程度也是重要的因素。对视频云研修提升教师信息技术应用水平的贡献，主要有几种观点：大量名师智慧被聚集，校本研修连成整体；课堂教学的现实问题作为研修内容；学习的环境与教学的环境、教研的环境融为一体；扩大了学习圈，志同道合者更多。

以下是"一师一优课、一课一名师"市级评委对实验组与对照组"优课"看法的访谈记录：

——实验组和对照组学校"优课"质量差别较大，实验组的课无论是教学过程，还是所提供的配套资料都是精心制作的，瑕疵少。教师所经历的研修对"优课"质量的影响很大，主要影响积极性、教学理念、技术水平、技术应用等方面。教师的常态教学行为差异比较明显。实验组教师的信息化教学水平较高，对教育理念的把握不仅停留在教案中，更是落实到教学过程；反观对照组教师的信息技术课堂应用比较生硬，技术没有发挥应有作用。

——实验组的"优课"质量要好于对照组，教学环境、理念、课堂组织存在差距，视频云研修提升了教师授课的档次，这类学校的教师活动参与度高；而对照组"优课"中技术的应用则比较简单，亮点少。从所评审的课中可以了解到，两类学校的教师在对待学生小组合作方面的态度是不同的，一个用小组合作学习驱动问题解决，提升学生高阶思维，一个仅仅将其作为课堂的一个流程，没有吃透其精髓。

——实验组课的内容、形式及相关资源都是精心制作的，持久打磨痕迹明显，视频云研修显然提高了教师"研课"的能力，老师参与活动的积极性非常高。两类学校教师的信息技术应用水平差距较大。实验组教师重视利用信息技术促进学生的互动交流；而对照组教师则更强调个人对课堂的把控，学生交流互动的机会较少，而且资源制作粗糙。

从访谈的记录来看，评委对实验组和对照组的"优课"形成了一致性评价，即前者"优课"的质量高于后者。实验组的"优课"一般经过认真打磨和精心制作，而对照组教师的参与积极性不足。"优课"的内容方面，实验组的课堂教学环境、理念、技术以及应用等明显高于对照组。实验组的课堂教学特色比较鲜明，教学理念先进，对理念的执行落实到应用，注重小组合作学习以及课堂互动。反观对照组，技术只是教学的辅助工具，以技术服务学生学习的能力不足。

2. 反馈内容的质性分析

量化分析虽然能够清晰地反映实验组与对照组教师研修行为以及信息技术应用能力水平的差异，但是无法解释这种差异背后的机理，这种差异是源于新型研修环境与研修方式，还是另有原因，需要将结果表象向"为什么"作进一步深究。

得到受访者反馈后，本研究利用 Nvivo 7.0 将回复的汇总内容进行开放式编码。根据 15 位受访者的评价，视频云研修评价方面最终得到了 126 条，分为 8 个维度的评价编码，如图 6 – 4 所示。

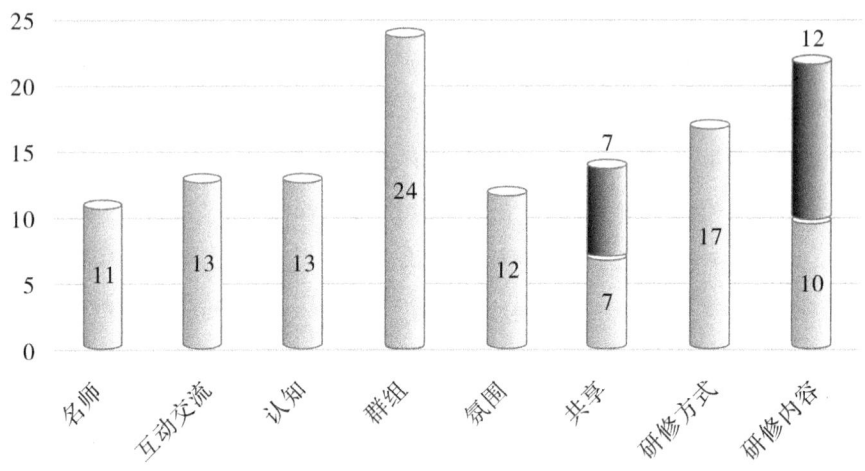

图 6 – 4　视频云研修评价

从图 6 - 4 可以看出，除了共享与研修内容维度存在非积极评价，其他维度均为正面评价。名师方面的评价有 11 条，学习者对名师的评价有 10 条，比如"遇见很多名师""获取名师经验""名师集约化管理""名师智慧汇聚"等；名师对自身的评价有 1 条，即"个人影响力范围更广"。互动交流方面的评价有 13 条，体现在 3 个维度：被关注和受监督（2 条）、临场感（8 条）、交流便捷性（3 条），如"不会被边缘化""面对面交流""互动方便"。认知方面的评价有 13 条，包括"认知多元化""教学细节易观察""非语言行为被感知"等。群组方面的评价有 24 条，主要表现如下：群组的成员，如"来自全市各校""同伴更多"等；群组的形成，如"组成讨论组""组成研讨小组"等；群组信任，如

"信任感更强""齐心协力"等。氛围方面的评价有 12 条,显示出"比较热烈""参与度高""讨论时间很长"等特点。共享方面的评价有 14 条,其中正面评价有 7 条,非正面评价亦有 7 条。对非正面评价作进一步分析,发现这类教师所谓的"不共享"主要是由于这些老师考虑到自身教龄、学识、经验等不足,缺乏分享的信心,以一种学习、倾听的态度来参与研修。研修方式的评价有 17 条,主要表现出"认可""适合一线教师""缓解工学矛盾""教研、培训、教学融为一体"等。研修内容的评价有 22 条,正面评价 10 条,譬如"接地气""有帮助""满意""来自现实教学过程"等,而非正面评价主要集中在"内容不全面""部分内容单薄""难点、急需解决的问题内容呈现不够或者无法呈现"等。

受访的教研员、培训管理员以及"一师一优课、一课一名师"市级评委对实验组和对照组的信息技术应用能力的评价也不同,主要内容汇总如表 6-13。

表 6-13 教师信息技术应用能力评价

组别	信息技术应用能力	制约能力的因素	"优课"质量
实验组	驾驭能力较强、教学理念先进、课堂注重互动、扩大学习圈、小组合作学习	有专家名师的指导、有云教室、实践机会更多	教师参与度高、持久打磨、精心制作、理念先进、技术组织合适
	23 条	5 条	10 条
对照组	没有吃透技术精髓、技术作为辅助工具	研修积极性不高、问题得不到关注和解决	教师把控课堂、互动少、技术应用生硬
	4 条	4 条	5 条

从表 6-13 可知,教研员、培训管理员以及评委对实验组和对照组的评价呈现出较大差异。从数量上来看,实验组的评价有 38 条,而对照组只有 14 条,教研员、培训管理员以及评委更愿意从实验组的角度来分析。从评价的内容来看,正面评价成为受访教师对实验组的主要印象,而对照组的评价则以负面为主。由此可见,教研员、培训管理员以及评委对实验组教师的信息技术应用能力水平以及课堂教学行为表现比较认可,反观对照组则凸显了诸多不足。

6.2.2.4 成果维度

在视频云研修推动下，实验组教师的教学实践能力和教学研究能力得到了较大提升。获奖情况、课题立项情况、论文发表这三个方面，在一定程度上反映了视频云研修的效果。

1. "一师一优课、一课一名师"活动参与及获奖情况

2016年度，珠海市共有179所学校参与了"一师一优课、一课一名师"活动，报名教师人数达9928人。"晒课"教师人数7256人，"晒课"教师人数是上一年度的2.56倍，"晒课"8162节，"晒课"数量是上一年度的2.65倍，其中有课堂实录的课有1157节。珠海市最终获评省级"优课"472节，省级"优课"绝对数量全省第三，省级"优课"率全省第二。这472节省级"优课"再从广东省被推送至全国参加国家级优课评选，242节获评部级"优课"，部级"优课"率全省第一。

其中，实验组学校获评省级"优课"共计176节，占比37.2%，其中有98节被评为部级"优课"，占比40.5%。实验组的九洲中学获评的省级"优课"最多，达到了15节，文园中学获评最多的部级"优课"，达到了8节。

2. 教研课题立项情况

在广东省教育厅组织的"粤教云"专项课题申报中，全省共评选出39项重点课题和53项一般课题。珠海市实验组学校有21项课题立项为重点课题，15项课题立项为一般课题，均超过全省的一半。

3. 论文方面

在视频云研修推动下，实验组教师的教学研究能力也突飞猛进，这一点可以通过教师发表论文的质量和数量来体现。教育信息化领域核心期刊中实验组教师发表的论文也不少，譬如在《课程·教材·教法》发表1篇，在《中国电化教育》发表3篇，在《电化教育研究》发表2篇，在《远程教育研究》发表3篇，在《中国远程教育》发表5篇，在《现代教育技术》发表5篇。

以《教育信息技术杂志》为例，目前该期刊已围绕珠海市"粤教云"示范应用的教研成果开设专栏5次，录用教师论文约50篇。更难能可贵的是，实验组学校教师将论文投到国际会议上，并在大会发表专题报告。据了解，这类英文论文的发表量达到了10篇。

6.2.3 结果与讨论

6.2.3.1 量化分析结果讨论

1. 研修行为

（1）每天平均研修时间在实验组与对照组没有显著性差异。

本研究认为每天研修的时间对教师而言是非常宝贵的一段时间，教师在完成大量教学工作之余能抽出学习时间非常不容易，在研修时间方面，教师都面临着相同的难题。不过在解决工学矛盾问题上，实验组显示出更高的成效。

（2）某一主题平均探讨数量在实验组与对照组有显著性差异，实验组达到了 7.53 次，而对照组仅有 1.49 次。

某一主题参与探讨的人数、频率影响到教师间的交互，进而制约知识共享的范围与质量。在研修时间几乎一致的情况下，实验组与对照组对同一主题的探讨深度截然不同，究其原因，校本研修发挥了很大作用。本研究认为视频云校本研修中，教师形成了一股对教学问题深究的氛围和习惯，这种对学习的态度很自然地迁移到了"提升工程"的专业研修。实验组在同一主题的探讨积极性比对照组高，还说明视频云研修环境对加快教师知识外化与社会化有显著作用。

（3）答疑数量在实验组与对照组也有显著性差异。教师参与答疑是教师积极展示自己，为群组同伴排忧解难，加快隐性知识向显性知识转化的重要手段。

实验组的教师表现出较高的答疑参与度说明实验组教师对知识共享持开放的态度，这种信任来源于视频云校本研修过程中所建立起的高信任度群组。这种牢固维系的群组关系不仅仅存在于校本研修过程中，而且延续到"提升工程"的专业学习。对照组教师则更趋于保守，囤积个人知识的倾向更明显。

（4）发（回）帖数量方面，实验组与对照组有显著性差异。

网络论坛是教师知识交互、共享的主阵地，发（回）帖的数量决定学术讨论活动的冷热程度。目前，传统网络研修中绝大多数教师为"沉默者"，教师间的交流处于停滞状态。反观实验组教师所加入的论坛版块则更新得比较频繁，教师有效互动，观点碰撞激烈。通过观察发现，发（回）帖积极的教师往往是参与视频云校本研修热情较高的教师。可以说，实验组在"提升工程"研修平台的良好表现反映了视频云服务在打破交互界限，扩大教师间交互范围方面有着持续性的效果。对教师发（回）帖的内容进行细分，发现实验组与对照组在社交性帖子的发布比例方面，存在较大的差异，如表6-14所示。

表6-14 社交性帖子的基本情况

发布帖子情况	实验组	对照组
社交性帖子数量（个）	494	1185
社交性帖子所占比例	7.2%	26.6%

实验组的社交性帖子比例仅有7.2%，低于对照组的26.6%，说明对照组学习者交流讨论的话题与研修内容的相关性较低。发布社交性帖子是社会性交互的一种手段，虽有助于认知交互，但社交性过强的帖子会破坏网络研修的氛围。我们推断，实验组的社交性帖子比例较低很大程度上是由于教师在校本研修中通过视频云服务已经建立较为牢固的同伴关系，不需要在专业研修中耗费过多精力来开展社会性交互。

（5）同伴点评数量在实验组和对照组也有显著性差异。

同伴点评对于提供知识的教师而言，有助于其了解其他教师对自己所贡献知识的评价，反过来加深自己对某一问题的理解；对于点评的教师而言，则在欣赏与对比其他教师观点的同时，获得了个人知识的提炼、外化和提升，促进了个人成长。实验组有着较高的同伴点评数量，说明在视频云校本研修的影响下，教师在其他领域也会积极外化个人知识，通过与同伴交流观点、互换知识，实现知识共享，最终促进个人知识的增长。

（6）实验组与对照组在资源上传（下载）数量方面有差异性显著。

资源上传（下载）数量是教师知识共享的指标之一，反映教师对分享资源与索取资源的态度。该方面的数量越多，说明教师知识共享的积极性越高，对教师专业能力的提升也就越有益。对照组的资源上传（下载）数量较低，说明在传统的校本研修环境中，资源的获取与分享缺乏渠道，教师的资源共建共享的意识尚未建立起来。由此可见，技术环境对于促进资源的获取和分享具有支撑作用。构建视频云研修环境确实有必要，实验组的表现足以说明这一点。

2. 信息技术应用能力提升方面

由量化分析的结果可知，视频云研修教师的信息技术应用能力优于传统研修的教师，两者存在显著性差异，说明采用视频云研修比传统的研修更有效果。在本研究中视频云研修是视频云环境和 CV-SECI 研修模式支撑的研修方式，研修环境在提高群组的紧密合作性以及交互性方面有着独特优势，而 CV-SECI 研修模式则进一步释放了环境潜能，使得以群组为单位的教师研修在知识共享方面有了更广的范围和更高的质量。

具体到信息技术应用能力的五个维度，视频云研修与传统研修教师的差异性也存在区别。在技术素养、计划与准备、组织与管理、学习与发展能力这四个维度，两者有显著性差异；而在评估与诊断能力维度，视频云研修并没有显示出优越性。由此可见，与传统研修相比，视频云研修提升教师信息技术应用能力的优势明显，但也存在不足，评估与诊断能力在视频云研修中尚未见显著变化。

从实验组前后信息技术应用能力的提升情况来看，在整体能力存在显著性差异的情况下，五个能力维度的差异也有区别。技术素养、组织与管理、学习与发展能力有显著性提高，而计划与准备、评估与诊断则没有显著性提高。计划与准备能力在实验组与对照组的对比中存在显著性差异，而在实验组的前后对比中却没有显著性差异。本研究认为视频云研修和传统研修对计划与准备能力的培训效果均不明显，只不过与传统研修相比，视频云研修情况稍好，但仍未能使计划与准备能力有实质性提高。

至于各维度提升的效果存在差异性，本研究认为这是双向选择的结果。视频云研修并不能面面俱到，因其自身的局限性，导致一些能力能有充分训练的机会，而其他能力则缺少训练机会；从学习者的角度来看，不同能力的提升有不同的难度，对于难度较大的能力，学习者在任何环境中都可能选择忽视。

6.2.3.2 质性分析结果讨论

本研究认为视频云研修与传统研修教师在研修行为上的差异，实际上反映了视频云研修在促进群组构建以及交互共享方面的优势——构建高信任关系群组、实施可视化交互以及二级交互。它让教师在一个公开透明的环境中了解彼此，保障了教师对学习对象的知情权。在该环境下教师能够知道同伴在做什么，做得效果如何，这样教师可以反过来检查自己的学习行为，让大家尽量保持相同的学习节奏。访谈内容显示教师对群组的评价最多，均提到环境对群组构建的作用。视频云研修促进群组交互共享也得到教师的认可，从访谈反馈中我们进一步了解到新的研修环境带来了即来即交流的学习体验，且研修的过程受监控。另外，所有的交流都是基于线下教师真实的教学课堂，交流以双向甚至是多向为主。视频能够反映交流过程的全貌，隐藏在教师肢体语言、表情的知识能通过视频被挖掘出来，再配合口头语言、交流的文本等，促使教师隐性知识向显性知识转化。教师间的交流互动不再局限于几个核心成员，任何一位教师都能成为交互的主角，名师资源得到广泛的共享。

视频云研修在提升教师信息技术应用能力的成果与研修环境和能力特点有关系。通过视频云研修，教师结识到了更多校外名师，从而有助于教师选择适合自己的学习榜样。交流突破了时间、空间的限制，而且倍感亲切，没有距离感。更重要的是，新的研修环境提供了交流学习的平台，将教研、培训、教学有机地整合在一起，使得三者相辅相成，高效服务于教师专业发展。学习者直接观摩一线教师的教学过程，优质课堂所蕴含的知识实现了更大范围、更深入的共享。这些变化恰恰与技术素养、组织与管理、学习与发展能力的本质是契合的。技术的学习依赖于反复操练以及对细节的把握，课堂组织与管理有赖于对课堂的深刻观察以及准确分析，而学习发展离不开良师益友的指引，视频云研修环境显然比传统研修环境更有助于这三类能力的提升。关于计划与准备、评估与诊断没有出现显著性变化，从后续教师的访谈反馈可知，不少受访教师认为研修内容不全面、单薄，在重难点内容上呈现不够的现象在新的研修方式中依然存在。本研究认为计划与准备、评估与诊断的学习内容存在呈现上的客观困难，前者由于是课堂教学的前奏，不适合以视频方式展现；而后者则是技术尚未达到实现常态化评估与诊断的要求，同时也没有足够好的案例供参考。

6.2.4 结论

本研究将视频云研修应用于"提升工程"，旨在对"提升工程"实施过程中的教师研修行为以及信息技术应用能力做出评估，检验视频云研修的效果，以此指导视频云研修的完善以及更大范围的应用。根据上述结果和分析，本研究得到以下结论：

（1）视频云研修对于提升教师研修绩效，促进教师专业发展是有效的。

教师研修行为方面，在相同的研修时间内，视频云研修比传统研修方式更能显著改善教师的研修行为，促进群组关系的正迁移，改善交互深度和广度，提升知识共享水平。这种新型研修方式能显著提升教师的信息技术应用能力，但在不同的能力维度上存在差异，其中技术素养、组织与管理、学习与发展能力提升明显。聚焦课堂教学，教师在视频云研修中的良好习惯和行为对教学有着积极影响，并促进新教育理念的贯彻与落实。从研修成果角度来看，拥有视频云研修经历的教师在教学与科研方面有更丰富的成果。

（2）视频云研修存在一定的局限性。

①部分学习资源缺乏，譬如展示教师备课过程的视频资源很难获取，主要归结于备课过程不具有连续性，教师很难录制完整的备课过程，备课过程中教师的心理变化更是难以通过视频来体现。

②优质的案例不足，课堂教学片段较多，但是针对某一环节的优质资源片段却很少。譬如，利用信息技术开展课堂评估与诊断，由于各种条件所限，此类教学活动较少出现在课堂上，即使有教师做出尝试，也往往止于表面，未能深入。

③没有充足的研修时间作为保障，视频云研修也难发挥作用。因此，视频云研修只能解决教师专业发展中具备充分条件的问题。

（3）视频云研修所发挥的作用主要体现在环境、群组、交互、模式方面。

①在视频云研修环境的支持下，教研、培训、教学连为一体，源于真实教学场景的资源成为研修的主要内容，名师资源在区域内广泛共享。

②视频云技术营造了近似面对面的研修环境，它能够增强学习者的临场感，通过感知、采集、分析群组成员的学习行为，为学习者提供信任判断。学习者可了解研修同伴的知识、技能以及协作任务。群组成员知晓彼此的优势和劣势，从而建立可信的协作关系。

③可视化交互促进了社会性交互发生，丰富知识信息被感知的渠道，增强知识被组合和还原的能力，提高交互过程中信息双向传导的可靠性。更重要的是，可视化交互实现了大量隐性知识的显性化，从而推动了知识流向共享发展。

④视频云环境推动了知识二级交互的实现，CV-SECI 模式的构建进一步释放了环境的潜能，让知识在组内和组间的交互中实现多级放大，提高了群组知识共享的能力。

第 7 章

研究结论及后续研究

7.1 研究结论

本研究从教师专业发展领域出发，实现了基于真实教学实践的、大规模、远距离、密切互动式教师间协作学习，重点关注以教师实践性知识提升为目标的知识共享，对教师研修环境及其应用模式开展研究，推动了"研培用"一体化研修环境从理论层次的构建走向实践应用。

随着传统教室向智慧教室的改造升级，相应教师的研修环境设计也由过去以网络研修平台建设为核心，知识信息以单向传递为主要形式向更加关注以线上虚拟环境与线下实践环境相融合，以群组为组织的交互与协作转变，有效支持教师专业发展中对知识共享的需求。云计算、大数据、流媒体等技术的发展以及移动终端在教师研修中的应用为教师知识广泛共享提供了机遇，但同时也带来了新的问题，譬如视频资源上传速率缓慢、视频格式转换效率低下、视频网络分发传输卡顿、传统的研修模式难以与新型研修环境匹配，技术问题制约了教师知识共享的效益。因此高质量的知识共享既要考虑技术环境支撑的问题，与整个教育领域信息化发展的大环境相适应，与教师日常利用信息技术手段开展工作的实际相适应，同时也要设计与之高度切合的研修模式，发挥新型研修环境在促进知识共享中的优势，挖掘新型研修环境的潜在价值。

本研究在上述政策推动、技术发展与应用需求推动的背景下，结合笔者参与建设"粤教云"示范应用区的实践经历，开展视频云服务下教师研修平台的构建与应用研究。笔者参与了平台的设计与开发工作，并组织了在珠海示范应用区的应用落地工作。以广东省"粤教云"计划为依托，以"研培用"一体化研修环境的建设为目标，以视频云研修环境设计为切入点，重点研究了视频云研修环境设计、关键技术突破、环境应用（模式构建）以及应用效果问题，研究结论能够支撑珠海市"粤教云"示范应用区的建设以及以知识共享为核心的教师专业发展。

研究的主要结论如下：

（1）本研究提出了"研培用"一体化研修环境建设的实现路径，即通过构建视频云研修环境来实现培训、教研、教学环境的高度协调统一。研究表明：采用线上虚拟环境与线下实践环境相结合的视频云研修环境实现了教师日常教学实践与教师研修融合的目的，推动了教师培训迁移和培训评价实践工作的开展。在技术方面，研究和开发了 CDN 和 P2P 融合的大规模流媒体直播交互技术，减少了边缘服务器对接入层网络的管理压力，提升了系统的可靠性，降低了内容分发的通信代价；结合 MEncoder 和 FFmpeg 技术优势的教育视频点播系统格式转换技术能够应对复杂（视频类型繁多、视频大小各异）的转码问题，对教师上传的视频资源进行智能化筛选和针对性转码，提高视频转码的效率；面向复杂应用场景的实时视频流接入技术，以拉流或推流的方式实现了多种录播系统、已有平台的统一接入，有效地支撑了视频云研修环境的规模化部署。

（2）本研究提出了针对视频云研修环境的应用模式，即 CV-SECI 研修模式。研究表明：视频云研修环境的建立为群组的线上和线下活动提供了便捷条件，同时促进了不同群组间的交互；能够为社会关系交互与学习内容交互提供可视化的服务，大大提高了交互的便捷性、可靠性和层次性；所具有的社会感知功能和认知功能能够增进群组成员间的信任，大大推动了群组由分散型、半紧密型向紧密型的转变。在此基础上，本研究构建了基于视频云服务的教师研修（CV-SECI）模式，该模式以知识共享 SECI 模型为内核，二级交互共享为交互方式，视频云研修环境为"共享场"，有效地提高了教师知识共享的质量。

（3）视频云研修能够有效提升教师的信息技术应用能力水平。研究表明：在教育部"中小学教师信息技术应用能力提升工程"所提出的五个维度的能力中，与传统以"面对面"为主的教师培训相比较，视频云研修能够提升教师的技术素养、计划与准备、组织与管理、学习与发展能力，但是对于评估与诊断能力，并未明显发挥作用。另外，从研修的前后对比来看，视频云研修不能提升教师信息技术应用能力的所有维度，而是有所侧重，其中组织与管理能力改变最大，其次是技术素养、学习与发展能力，而计划与准备、评估与诊断能力则没有明显变化。

7.2 主要创新

本研究的创新性主要体现在如下三点：

（1）本研究为实现"研培用"一体化的教师研修环境，针对影响视频云服务体验的技术问题，即教育视频格式转换、视频网络分发以及录播系统实时视频流接入问题，提出：CDN 和 P2P 融合的大规模流媒体直播交互技术，突破了面向大规模视频分发的网络负载均衡、高可用的瓶颈；教育视频点播系统视频格式转换技术，满足了针对海量小文件和大文件并存的特定应用需求；面向复杂应用场景的实时视频流接入技术，解决了复杂情况下视频流的汇聚问题。相关成果：*The Construction of Education Cloud Environment for Interactive Teaching*（ICEEMR① 2017，Singapore）、《教育视频点播系统视频格式转换技术的研究》（《中国教育信息化》2014 年 10 期）、《教育视频云服务中实时视频流接入技术探索》（《教育信息技术》2014 年 11 期）。

（2）本研究提出了 CV-SECI 研修模式。该模式由环境层、交互层和 SECI 内核构成，充分发挥了视频云环境的优势，促进群组由松散型向紧密型转化，从而建立高信任度群组，实现了由传统的"组内交互"向"组内与组间"交互的二级交互机制转变，突破了传统 SECI 模型受限于群组知识流转的"组间交互"及远距离应用障碍，提高了知识共享的效益。相关成果：《群组知识共享视角下教师研修模型的构建与实践》（《中国电化教育》2017 年 06 期）、*Study on the Application of Interactive Teaching in the Cloud*（ICCSA② 2014；SanYa，China）、《智慧课堂多维互动式教学模式构建》（《基础教育参考》2017 年 16 期）、《粤教云视通环境下区域性教师研修模式的研究》（《教育信息技术》2017 年 01 期）。

（3）本研究所构建的教师研修环境满足"大规模、跨时空、多层次"的教师群组交互的需求，解决了线上虚拟环境和线下实践环境割裂、学习过程缺乏有效管控及生成性资源开发与利用效率不高等问题，实现了教研、培训与教学实践结合、数据驱动的过程管理可视化及学习资源的循环互动、递进发展，促成了

---

① ICEEMR，即 International Conference on Education，Economics and Management Research.
② ICCSA，即 International Conference on Computational Science and Its Applications.

"研培用"一体化的教师专业发展从理论层次的构建走向实践应用。相关成果：《面向开放教育的云端学习环境及应用——珠海广播电视大学的探索与实践》(《中国远程教育》2016年04期)、《基于云平台的教师体验式培训模式的设计与应用》(《教育信息技术》2017年04期)。

7.3 后续研究展望

　　本研究的成果已应用在"粤教云"示范应用区的"提升工程"项目中，取得了一定的效果。按教育部的规划，"提升工程"是连续开展三年的项目，本研究设计的研修环境完成了前两年的任务，第三年的任务仍在继续。面向信息技术应用能力的教师专业发展，对于整个教育信息化的推动是一项复杂、重要的工程，涉及多种关联因素。尽管本研究一直试图更深入、更全面地分析教师知识共享理论，继而构建更具有实践指导意义的研修环境，但作为一个试点的教师专业发展项目，有许多重要的理论和实践问题尚待深入探讨。在后续研究中，我们将着重解决这些问题：

　　(1) 本研究提出的教师 CV-SECI 研修模式是一种正在探讨和尝试之中的创新型研修方案，研究的理论水平有待进一步提升。本研究在教师知识共享理论的研究过程中，由于力量有限，有一部分只是提出了理论框架及相关的可用技术，没有来得及从技术实现的角度完全实现。本研究中对于群组协作的研究处于一种宏观的角度，今后还需向微观的研究方向发展，譬如：无领导的群组协作、有领导的群组协作、叠加的群组协作等。

　　(2) 本研究仅针对影响网络研修体验的网络视频分发、视频编解码和录播系统视频流汇聚三个方面的技术进行了研究。网络研修环境是一个系统的技术整合环境，还有许多值得关注的研究项目，比如云服务支撑、大数据、聚类预测调整资源配置以及视频语义智能推送等技术。

　　(3) 尚需对研修模式进一步加强实践研究。在下一步研究中将扩大研究的规模，使研究的结论更有深度。充实完善对教师研修行为的数据采集标准的研究，让标准研究贯彻到环境升级中，在积累的大量数据基础上提高对教师研修行为分析的全面性、准确性。本研究设计的教师研修环境在属于信息技术发达地区的珠海市进行了试验，效果良好。在信息技术欠发达的地区是否能够取得类似的效果，仍需要伴随着"粤教云"计划在广东省的推广而展开跟踪研究。

附录

附录一：中小学教师研修环境需求调查

各位老师：

　　为了了解您对当前珠海市教师研修环境的满意度以及需求，我们特进行问卷调查，其目的在于通过您的反馈了解教师研修环境的不足以及改进的方向，从而为提供更好的适合教师的研修条件奠定基础。请按照您的真实想法和实际情况认真填写，为我们研修环境的设计提供有价值的参考。由衷感谢您的支持和配合！

1. 贵校是否建有云教室？（　　）

　　A. 有　　　　　　B. 没有

2. 你认为下列哪些问题，已严重影响了您对网络学习的积极性？（　　）

　　A. 学习内容枯燥

　　B. 视频播放不流畅、卡顿现象严重

　　C. 来自一线教师的资源内容过少

　　D. 视频上传耗时过长，甚至会转化失败

　　E. 研修内容与日常教学严重脱节

　　F. 其他：＿＿＿＿＿＿＿＿＿＿＿＿＿＿

3. 你认为网络课程学习是否满足您的要求？（　　）

　　A. 完全满足　　　　　　　　B. 满足

　　C. 基本满足　　　　　　　　D. 不能满足

4. 学校在实施校本教研的过程中是否有充分利用教师的授课资源？（　　）

　　A. 经常有　　　　　　　　　B. 不常有

　　C. 偶尔有　　　　　　　　　D. 基本没有

5. 对于网络课程学习的资源，您希望是一种怎样的搭配？（　　）

A. 以专家授课资源为主，一线教师授课资源为辅

B. 以一线教师授课资源为主，专家授课资源为辅

C. 专家与一线教师的授课资源相当

D. 专家与一线教师的授课资源视情况而定

6. 如果你是区域教研员，你认为当前录播教室提供的视频资源如何？（　　）

A. 非常满意，资源丰富

B. 比较满意，可以了解教师的真实课堂

C. 不太满意，不同学校的录播系统提供的视频格式各不相同，播放起来不方便

D. 不满意，很少用于教研，因为用起来繁琐

7. 学校是否利用录播教室开展教师研修？（　　）

A. 有，建立了一定的实施制度　　B. 有，曾经尝试过

C. 没有，正在准备中　　D. 没有，尚无计划

8. 录播教室未利用起来的原因可能是什么？（　　）

A. 派不上用场　　B. 不知道如何应用

C. 校内优质资源过少　　D. 单个学校的录播教室难以发挥作用

9. 您对目前网络研修的协作学习满意吗？（　　）

A. 十分满意，满足了个人需求　　B. 基本满意，能够解决部分需求

C. 不满意，缺乏协作学习　　D. 不满意，根本没有协作学习

10. 网络研修中，您注意到了您的学习同伴吗？（　　）

A. 注意到了，彼此间互相帮助　　B. 接触了一些，但学习交往不多

C. 不太留意，但偶尔会讨论学习　　D. 没注意到

11. 您对您的学习同伴信任吗？（　　）

A. 十分信任　　B. 基本相信

C. 不太可靠　　D. 不相信

12. 您对目前网络研修平台的互动功能是否满意？（　　）

A. 十分满意，互动性强　　B. 比较满意，能基本互动

C. 不太满意，互动功能薄弱　　D. 十分不满意，基本没有互动功能

13. 目前您学习所使用的研修平台的互动以什么媒体为主？（　　）

A. 视频　　B. 语音　　C. 文本　　D. 其他：_____

14. 您是否会积极参与研修过程中的论坛互动？（   ）

   A. 非常积极，经常发帖和回帖

   B. 比较积极，不会的问题会发帖咨询，也会回帖回答其他人的问题

   C. 不太积极，偶尔有需要才发帖

   D. 不积极，有学习任务才发帖和回帖

   E. 基本不参与，除非临近研修结束

15. 哪些因素影响了您参与研修互动？

   A. 缺乏互动氛围   B. 研修主题不明确

   C. 互动内容干瘪   D. 缺少互动的同伴

   E. 其他

16. 以下哪些问题是您在研修过程中存在的？（   ）

   A. 研修的目的性不强   B. 缺乏预习准备

   C. 积极性不高   D. 作业完成过程带有应付性

   E. 其他：_____

17. 教师研修的过程中，您认为自己的主动性如何？（   ）

   A. 主动性很强，不需要监督

   B. 主动性比较好，能定期提醒自己学习

   C. 主动性不太好，一般需要其他人提醒

   D. 主动性不积极，很多时候是硬着头皮去做

18. 您认为当前研修环境对个人研修的监督是否足够？（   ）

   A. 足够，非常到位   B. 比较足够，有一定的监督

   C. 不太足够，需要个人的自觉   D. 不足够，基本没有监督功能

附录二：中小学教师信息技术应用能力评估问卷

各位老师：

  为了了解您的信息技术应用能力水平，我们特进行问卷调查。其目的在于：一方面根据教师的需要，设计更有效的研修环境；另一方面根据您的信息技术应用能力水平提供针对性指导。请按照您的真实想法和实际情况认真填写，为我们的研修提供有价值的参考。由衷感谢您的支持和配合！

编号	问题	选项				
		非常符合	符合	一般	不太符合	非常不符合
1	了解与教学相关的软件功能及特点，并能熟练应用					
2	通过多种途径获取数字教育资源，并掌握加工、制作和管理的方法					
3	探索使用支持学生自主、合作、探究学习的网络教学平台等技术资源					
4	利用技术手段整合多方资源，实现学校、家庭、社会相连接，拓展学生的学习空间					
5	依据课程标准、目标与学生特征等，合理选取恰当的教学方法，找准运用信息技术解决教学问题的切合点					
6	加工制作有效支持课堂教学的数字教育资源					
7	设计有助于学生进行自主、合作、探究学习的信息化教学过程与学习活动					

续上表

编号	问题	选项				
		非常符合	符合	一般	不太符合	非常不符合
8	设计学习指导策略与方法,促进学生的合作、交流、探索、反思与创造					
9	利用技术支持,改进教学方式,有效实施课堂教学					
10	在信息化教学过程中,观察和收集学生的反馈,并调整教学行为					
11	利用技术支持,转变学习方式,有效开展学生自主、合作、探究学习					
12	支持学生积极探索使用新的技术资源,创造性地开展学习活动					
13	根据学习目标科学设计并实施信息化教学评价方案					
14	尝试利用评价工具收集学生学习过程信息,并能整理与分析					
15	引导学生利用评价工具开展自评与互评,做好过程性和终结性评价					
16	利用技术手段持续收集学生学习过程及结果的关键信息,建立学生学习电子档案,为学生综合素养评价提供支持					
17	利用教师网络研修社区,积极参与技术支持的专业发展活动					
18	提升信息技术环境下的自主学习能力					
19	有效参与信息技术支持下的校本研修,实现学用结合					

附录三：受访者访谈提纲

受访对象	问题
研修教师	1. 您认为视频云校本研修与传统校本研修的区别是什么 2. 视频云校本研修中，您身边的学习同伴有哪些变化 3. 您觉得视频云校本研修中的讨论氛围如何 4. 如何看待您在视频云校本研修中所贡献的个人智慧 5. 您对研修方式和内容的设置有何看法
教研员	1. 您觉得实验组与对照组教师的信息技术应用能力有没有差异，具体体现在哪些方面 2. 如果两类学校教师的信息技术应用能力有差异，您认为可能是哪些因素的影响 3. 您觉得视频云校本研修对教师信息技术应用能力提升有哪些贡献
培训管理者	1. 您认为实验组与对照组教师研修过程的表现如何 2. 您觉得视频云校本研修带来了哪些变化 3. 您认为视频云校本研修对教师信息技术应用能力的提升起到了哪些作用
"一师一优课、一课一名师"市级评委	1. 您觉得实验组与对照组教师的"优课"质量如何 2. 您认为影响两类学校教师"优课"质量的因素有哪些 3. 您觉得实验组教师的课堂教学有哪些特色